Willigis Jäger

Das Leben endet nie

Über das Ankommen im Jetzt

HERDER

FREIBURG · BASEL · WIEN

»Ganz gegenwärtig«

Aus tiefstem Herzen sage ich euch allen:

Leben und Tod sind eine ernste Sache.
Alle Dinge vergehen schnell
und kein Verweilen kennt der Augenblick.
Darum seid achtsam
und ganz gegenwärtig.
(Abendspruch im Zen-Sesshin)

Im Hause meines Vaters gibt es viele Wohnungen.
Ich gehe, euch eine zu bereiten.
(Joh. 14,2)

Danksagung

Herzlichen Dank sage ich Christa Spann-
bauer und Ursula Richard, ohne deren
Hilfe dieses Buch nicht zustande gekommen wäre.

Mein Dank gilt auch Beatrice Grimm,
die dem Abdruck eines Beitrages zugestimmt hat, der als CD erschienen ist.

Inhalt

Vorwort

von Bruder David Steindl-Rast

Wer kann Texte von Willigis Jäger lesen, ohne zu sehen, wie sehr es ihm darum geht, uns über Schwierigkeiten hinwegzuhelfen? Er ist im tiefsten Herzen Lehrer. Es liegt ihm daran, verstanden zu werden; mehr noch: Es kommt ihm darauf an, in uns selbst beim Lesen ein Verstehen zu wecken, das durch Worte nicht vermittelt werden kann, und das doch nur geweckt werden muss, weil es ja in unserem Innersten schon schlummert – mystisches Verstehen.

Ja, in unserem Herzen schlummert mystische Begabung. Es kann nicht oft genug gesagt werden – und ich weiß, dass Willigis darin völlig mit mir übereinstimmt: Ein Mystiker ist kein besonderer Mensch, sondern jeder Mensch ist ein besonderer Mystiker. Woher kommen dann unsere Schwierigkeiten, die Willigis als Mystiker und Lehrer der Mystik zu überwinden sucht? Es scheint mir, dass uns ein doppeltes Hindernis im Wege steht: Wir haben einerseits etwas Falsches gelernt; wir haben anderseits auch versäumt, etwas zu lernen, was uns jetzt schmerzlich fehlt.

Was wir falsch gelernt haben, betrifft unser Gottesverständnis. »Wir haben den Trennungsgraben zwischen Gott und Welt zu weit aufgerissen«, sagt Willigis. »Unser dualistisches Weltbild hat uns von Gott getrennt.« Unserem tiefsten menschlichen Erleben widerspricht diese Trennung aber. In Gott »leben wir und bewegen wir uns und sind wir« (Apg. 17:28). Dieser Satz spricht aus, was wir im innersten Herzen wissen, und der Heilige Paulus stimmt dem voll zu. Im Augenblick aber, in dem wir uns auf diese Ur-Einsicht einlassen, haben wir den Trennungsgraben übersprungen, der uns nicht nur von Gott trennt, sondern auch von unserem eigenen wahren, sinnerfüllten Leben. Mit diesem Sprung wird aus dem »An-Gott-Glauben« ein »Aus-Gott-Leben«. Auf jeder Seite dieses Buches macht Willigis uns auf immer neue Weise Mut zu diesem Sprung.

Doch wir müssen noch ein zweites Hindernis überwinden – einen Mangel. Der Welt, in der wir leben, fehlt weitgehend der Sinn für Poesie. Keine andere Sprache als die poetische aber kann der Gotteserfahrung Ausdruck geben, wenn auch sie freilich am Unsagbaren versagen muss. Beim Lesen dieses Buches ist es von größter Wichtigkeit, keinen Augenblick lang zu vergessen, dass poetische Sprache nicht wörtlich genommen werden darf. Wenn jemand sagt: »Ich schenke dir mein Herz«, so hat das nichts mit einem chirurgischen Eingriff zu tun. Mystische Theologie verhält sich zur Theologie der Textbücher, wie Poesie sich zur Literaturkritik verhält. Und Willigis ist mystischer Theologe.

Schläft ein Lied in allen Dingen,
Die da träumen fort und fort.
Und die Welt hebt an zu singen,
Triffst du nur das Zauberwort.

Willigis trifft das Zauberwort, von dem Eichendorff hier spricht. Darum ist ihm die Welt »ein heiliger Organismus«. Und in dieser Welt ist Gott »der Atem allen Atems«, wie Kabir sagt. Nur diese Schau kann unserer armen, kranken Welt Hoffnung geben auf Heil und Heilung.

Rechtes Gottesverständnis und rechtes Weltverständnis sind untrennbar miteinander verbunden.

Nicht nur für Kritiker von Willigis, sondern für alle, die diese Einführung lesen, habe ich mir eine Prüfung ausgedacht, die man bestehen muss, bevor man in diesem Buch weiterblättern darf. Mystik drückt sich poetisch aus, sagten wir. Und Poesie – auch die ernsteste – ist spielerisch. (Das Kind in uns weiß ja noch, dass es nichts Ernsteres gibt als spielen.) Meine spielerische Prüfung beginnt nun damit, dass wir uns von Christian Morgenstern – der übrigens ein tiefer Mystiker war – wie Kinder bei der Hand nehmen lassen. Er führt uns in einer Mondnacht an einen ganz geheimnisvollen Ort und öffnet uns die Augen:

Drei Hasen tanzen im Mondschein
im Wiesenwinkel am See:
Der eine ist ein Löwe,
der andre eine Möwe,
der dritte ist ein Reh.

Wer fragt, der ist gerichtet,
hier wird nicht kommentiert,
hier wird an sich gedichtet;

doch fühlst du dich verpflichtet,
erheb sie ins Geviert,
und füge dazu den Purzel
von einem Purzelbaum,
und zieh aus dem Ganzen die Wurzel
und träum den Extrakt als Traum.

Dann wirst du die Hasen sehen
im Wiesenwinkel am See,
wie sie auf silbernen Zehen
im Mond sich wunderlich drehen
als Löwe, Möwe und Reh.

»Wer fragt, der ist gerichtet«, weil hier eben gedichtet wird und nicht diskutiert. Wer nicht zu fragen braucht, hat die Prüfung bestanden und darf *Das Leben endet nie* lesen. Wie sollte denn jemand, der dieses Kinderspiel nicht versteht, das kosmische Spiel Gottes verstehen, in dem die eine göttliche Wirklichkeit sich in immer neuen Formen darstellt? Gerade darauf aber kommt es an bei Dichtung und Mystik.

Die göttliche Weisheit sagt von sich selbst im Buch der Sprüche, dass sie von Beginn der Schöpfung an ihre Lust darin fand, zu spielen. Es ist ein Spiel unablässiger Verwandlungen. Um dieses Spiel von Wandlung und Verwandlung geht es letztlich in diesem Buch. Rilke ermutigt uns:

Wolle die Wandlung. O sei für die Flamme begeistert,
drin sich ein Ding dir entzieht, das mit

Verwandlungen prunkt;
jener entwerfende Geist, welcher das Irdische
meistert,
liebt in dem Schwung der Figur nichts wie den
wendenden Punkt.

Wer den Mut hat, sich auf Wandlung einzulassen, wird sich reich beschenkt finden von diesem Buch und »ankommen im Jetzt« – am Wendepunkt.

Einführung

Als mein Vater im Sterben lag und wir – meine Mutter und meine beiden Schwestern – mehrere Tage und Nächte lang an seinem Bett waren, haben wir zumeist in Stille einfach dagesessen. Diese Stille war sehr kraftvoll, ließ uns sehr präsent sein und schenkte uns sehr tief greifende Erfahrungen, aber in manchen Momenten habe ich mir gewünscht, wir hätten eine von allen geteilte gemeinsame Vorstellung von Sterben und Tod, von Auferstehung oder Wiedergeburt, die uns in dieser Situation das »Richtige« hätte tun lassen oder in der wir zumindest gemeinsam Trost hätten finden können.

Zeitweise habe ich, muss ich gestehen, mit einem leichten Gefühl von Neid an die gläubigen Christen gedacht, für die die Vorstellung einer auch körperlichen Auferstehung nach dem Tode selbstverständlich ist, oder an die tibetischen Buddhisten, die den Sterbenden in dieser Situation durch das Vorlesen des Tibetischen Totenbuches begleiten würden. Wir hatten in unserer Familie keine solche gemeinsame Glaubensvorstellung.

Meine Eltern waren sozial engagierte Katholiken, konnten aber mit den Konzepten von Himmel, Hölle, Fegefeuer und leiblicher Auferstehung nicht mehr so arg viel anfangen. Was meine Schwestern glaubten, wusste ich gar nicht so genau, wir sprachen nie darüber; ich selbst fühlte mich dem Zen-Buddhismus nahe, hatte aber Probleme mit der buddhistischen Vorstellung von Wiedergeburt.

Einige Zeit danach habe ich mich eingehender mit Willigis Jäger und seinen Schriften beschäftigt und blieb immer wieder an seinen Ausführungen zu Tod und Sterben hängen. Sie berührten mich tief. Ich hatte das sichere Gefühl, dass sie die uns Familienmitglieder verbindende spirituelle Grundlage hätten sein können, ja vielleicht damals letztlich sogar unausgesprochen waren, und ich bedauere es sehr, dass mein Vater in seinen letzten Monaten nicht mit den Büchern von Willigis Jäger in Kontakt gekommen ist.

Willigis Jäger hat meines Erachtens die besondere Fähigkeit, die allen Traditionen gemeinsame spirituelle Essenz für die Menschen von heute sichtbar zu machen. Er deutet die alten Bilder und Heilsgeschichten neu. Tod, Auferstehung oder auch Wiedergeburt erscheinen in einem ganz neuen Licht, können ganz neu verstanden werden, so dass sie nicht mehr Widerspruch stehen zu unserer modernen Weltsicht, die sich doch um einiges unterscheidet von der Weltsicht, in der die Glaubensdogmen der christlichen Kirche entstanden sind. Willigis Jäger macht immer wieder deutlich, warum das Leben letztendlich nie endet und es den Tod nicht gibt, obwohl ein jeder von uns in seiner Personalität sterben wird. Seine Worte können zur Wegweisung werden für zweifelnde Christen und spirituell Suchende aller Couleur gleichermaßen.

Ich habe Willigis Jäger gefragt, ob er sich ein Buch vorstellen könne, in dem er sich thematisch den großen Herausforderungen im Leben der Menschen – Alter,

Krankheit und Tod – widmet, also den Aspekten, die auch der Buddha als zentrale Aspekte menschlichen Leidens beschrieben hat. Zu meiner Freude hat Willigis Jäger diesem Buchprojekt zugestimmt.

Seinen Auseinandersetzungen mit Alter, Krankheit und Tod vorangestellt hat Willigis Jäger seine Gedanken zu unseren Gottesbildern und Gottesvorstellungen, denn dieses Verständnis bedingt unseren Umgang mit den oben genannten existentiellen Herausforderungen ganz entscheidend. Das Buch wird abgeschlossen durch seine Betrachtungen zu den großen Katastrophen, die der Menschheit widerfahren, zum Beispiel der Flutkatastrophe zu Beginn dieses Jahres. Solche Katastrophen werfen die Frage nach Gott (»Wo war Gott«), nach dem Sinn und Unsinn menschlicher Existenz radikal neu auf.

Willigis Jäger gibt Antworten, die ebenfalls radikal sind: Auch in der Katastrophe ist Gott zugegen – als diese Katastrophe. Das klingt hart, aber es zeigt auch, dass wir von Gott nie wirklich verlassen sind – im Leben, aber auch im Sterben nicht.

Ursula Richard

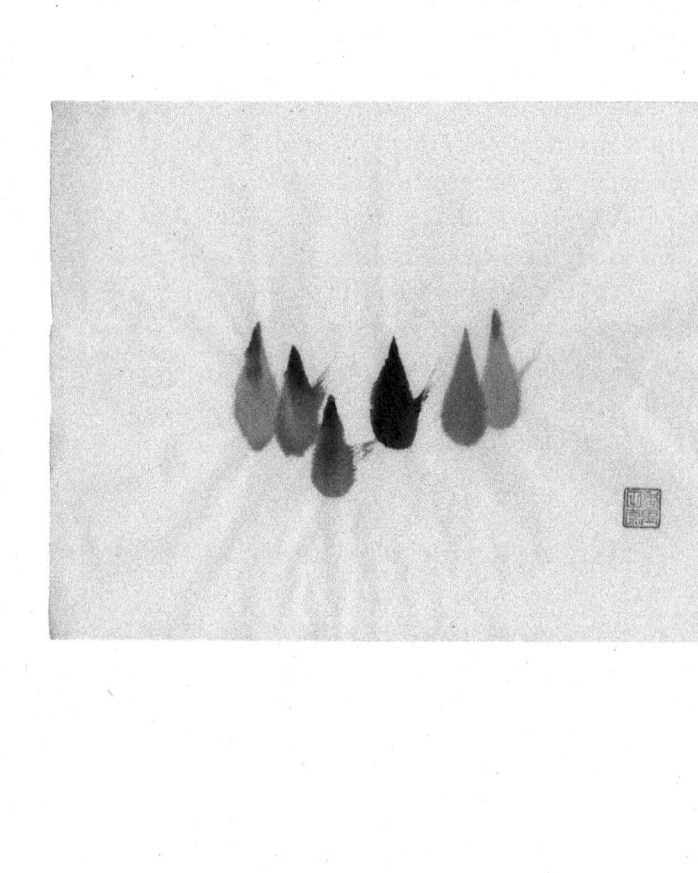

Unser Urgrund

An jenem Tag werdet ihr erkennen,
dass ich in meinem Vater bin
und er in mir und ihr in mir und ich in euch.
(Joh. 14,20)

Gott ist die Quelle, die uns hervorbringt

Im Laufe der Jahrhunderte kommt eine Religion immer wieder von der ursprünglichen Vision ihres Stifters ab. Es beginnt eine Institutionalisierung. Um ihren Einfluss zu bewahren, muss eine Religion eine Ideologie entwickeln sowie einen unanfechtbaren Anspruch erheben, um diese Ideologie durchzusetzen. Sie hält an ihren Doktrinen fest, unabhängig davon, was sich um sie herum verändert. Allen Religionen ist es so ergangen. Nur die Mystik konnte sich, trotz aller Verfolgung, davon frei halten. Daher ist die Mystik das Instrument für die innere Erneuerung jeder Religion.

Die indischen Weisen fordern: Die wahren Suchenden müssen im Streben nach dem Göttlichen hinter die Namen und Formen gehen. Auch die christlichen Mystiker verlangen, dass wir über alle Begriffe hinaus das Göttliche suchen sollen. Die Stufen zum Aufstieg des Berges bezeichnet Johannes vom Kreuz mit »Nada«. Nicht im Begreifen wird das Göttliche erfahrbar, sondern im Loslassen jeder Vorstellung. Augustinus warnt: »Wenn du Gott begriffen hast, ist es nicht Gott.« (PL. 8.663) Dionysius Areopagita sagt: »Dem unfassbaren Geheimnis des Göttlichen kann der Gott suchende Mensch sich nur durch »die strahlende Finsternis« öffnen. Durch Leerwerden, durch »die Dunkelheit der Seele«. (Bonaventura) »Wer da glaubt, dass er Gott erkannt habe, und dabei irgendetwas erkennen würde, der erkennte Gott nicht.« (Eckhart)

Was wir Gott nennen, ist das, was sich aus einem

unfassbaren Hintergrund heraus vollzieht und gestaltet.

Erkenne, wer du bist!

Die christlichen Mystiker verwenden eine vielfältige Bildersprache, um diese Einheitserfahrung zu beschreiben: Ich bin »ein Fünklein Gottes« (Meister Eckhart), »ein Tropfen des göttlichen Ozeans« (Teresa von Avila), »eine Flamme des göttlichen Feuers« (Johannes vom Kreuz). »Gott gebiert sich in mir« (Origenes), »Gott wird in mir fruchtbar« (Augustinus). Wir sind Nicht-Zwei. Ich bin eine Flamme des Feuers Gott, eine Welle des Meeres Gott, ich bin das Gefäß des Göttlichen.

13 Milliarden Jahre soll dieses Universum existieren. Natürlich existierte auch vorher ein Universum, sicher ganz anderer Art, denn was wir Gott nennen, ist zeitlos. Zeitlosigkeit ist nicht Ewigkeit. Zeit wird durch unsere Ratio geschaffen, unsere personale Struktur. Wer den Vorhang des Personalen lüften kann, erfährt Zeitlosigkeit. Was wir sind, ist zeitlos, nicht ewig. Es manifestiert sich in der Zeit.

Die Erste Ursache

Gott, das ist das, was *vor* allem war und ist. Eckhart nennt es Gottheit. Dionysius sagt: »Die erste Ursache von allem, ist weder Sein noch Leben. Denn sie ist es ja gewesen, die Sein und Leben erst erschaffen hat. Die erste Ursache ist auch nicht Begriff oder Vernunft. Denn sie ist es ja gewesen, die Begriffe und Vernunft erst erschaffen hat. Die erste Ursache ist auch keine Macht.

Denn sie ist es ja gewesen, die die Macht erst erschaffen hat.«

Warum bleiben wir nicht bei den wunderbaren Bildern: Gott ist der Rebstock, wir sind die Rebzweige. Gott ist die Quelle, wir sind der Bach. Gott ist das Meer, wir sind die Welle. Gott ist Beziehung, aber es ist eine »innergöttliche Beziehung«. Es ist die Beziehung der Welle zum Ozean, des Astes zum Baum. Man kann beide nicht trennen. Gott ist wie ein Fächer, der sich entfaltet, aus dem keine Falte herausfallen kann. Wir sind eine Falte Gottes.

Die Väter hatten Bilder für die Einheit von Gott und Mensch: zum Beispiel Sonne und Licht. Ohne Sonne gibt es kein Licht, oder: Quelle und Bach, Wurzel und Baum. Wer nur den Baum anschaut, kann vergessen, dass er Wurzeln hat. Wer nur den Menschen anschaut, kann vergessen, dass Gott seine Wurzel ist. Hat nicht auch Jesus vom Weinstock und den Rebzweigen gesprochen? Damit ist auch der Unterschied zwischen Gott und Mensch klar ausgedrückt. Sie sind Nicht-Zwei. Das Eine ist in allem und alles ist auch im Einen. Die Welt ist ein heiliger Organismus. Wir haben uns leider in eine illusorische Welt vernarrt. Unser dualistisches Weltbild hat uns von Gott getrennt. Unser »Wissen« über Gott hat aus uns Fremdlinge in dieser Welt gemacht.

Gott wirkt, und der Mensch wird. Das ist die Gottesgeburt in der Seele. Gott kann nichts Abgespaltenes sein, er kann uns nicht gegenüberstehen, von uns getrennt, sondern er ist die Quelle, die uns hervorbringt. Das führt zu einer umfassenden Lebenserfahrung mit und aus Gott und zu einem sinnerfüllten Leben. Aus dem »An-Gott-Glauben« wird ein »Aus-Gott-leben«. Gott verströmt sich als Mensch.

Der Vollzug unseres Lebens ist der wahre Gottes-dienst. Gott möchte in uns Mensch sein, an diesem Platz, zu dieser Zeit, an diesem Ort. Das ist der einzige Grund, warum wir Mensch geworden sind. Das, was grenzenlos und zeitlos ist, versucht unser Ich in Gren-zen und Zeichen zu erfassen, die unserer Kultur gemäß sind.

Gott – ein Du?

Warum sollte die Welle nicht den Ozean ansprechen dürfen und die Rebe nicht den Rebstock? Die Rebe erfährt, dass sie Rebstock ist, und die Welle, dass sie Wasser des Ozeans ist. Und was hindert den Ozean daran zu sprechen: Ich bin die Welle? Und wenn die Welle erfährt, was sie wirklich ist, wagt sie zu sagen: Ich bin Ozean. Aber dann spricht der Ozean aus ihr und nicht das Ich der Welle.

Dualismus, die Krankheit des Westens

Wir haben Angst, so etwas zu sagen. Einen Unterschied zwischen Gott und Mensch zu machen ist uns, fast hätte ich gesagt, eingetrichtert worden. Wir haben Gott und den Menschen, Gott und die Welt auseinander gerissen. Wir haben Gott ins Jenseits geschoben. Die Vorstellung von Gott im Jenseits und Mensch im Diesseits verfes-tigte die dualistische Trennungslinie zwischen Gott und Welt, was auch die Trennung zwischen Macht und

»Ich bin Welle – ich bin Ozean«

Unterordnung nach sich zog, die Trennung zwischen Mensch und Natur, Mann und Frau. Wir haben Gott ins Jenseits abgeschoben und uns für anders, für autonom erklärt.

Für Eckhart ist »Gott« bereits eine Deutung dessen, was er unter Gottheit versteht. Gottheit, das ist das, was ich rational nicht erreichen kann. Wir Menschen haben viele infantile Vorstellungen entwickelt von dem, was wir Gott nennen. Viele merken schon gar nicht mehr, wie lächerlich, ja allzumenschlich unsere Vorstellungen sind. Wir leiden an einer Hypertrophie unseres Egos, das meint, diese Wirklichkeit mit dem Verstand begreifen zu können. Dabei warnt uns schon die Heilige Schrift: »Mach dir kein Bild von Gott.« Und Eckhart predigt: »Willst du die Natur unverhüllt finden, so müssen die Gleichnisse alle zerbrechen, und je weiter man eindringt, um so näher ist man dem Sein.« (Predigt 24)

Gottesnamen – eine Metapher – Liebeslieder
Vater, Sohn, Heiliger Geist, Hirte, König, Fels sind nur Metaphern, Ausdeutungen von Liebesliedern. Wer ein Liebeslied rational erklären muss, hat nicht verstanden, um was es geht. Wer ein Gedicht deuten muss, hat sicher das Eigentliche nicht begriffen. Wer uns auf das rationale Erkennen Gottes festlegen will, bleibt in einer kindlichen Religiosität stecken. Gott und Mensch, das ist wie ein Stab mit zwei Enden. Es gibt keinen Stab, der nur ein Ende hat. Mensch, Materie, Kosmos sind das andere Ende des Stabes. Sie sind das eine Ende des Stabes Gott. Die Naturwissenschaft sagt uns heute, dass

Materie wohl nichts anderes ist als »verlangsamte Energie«, »geronnener Geist«, »Kruste des Geistes«. Niklaus von Kues spricht von der unendlichen Linie. Wir sind ein Punkt auf der unendlichen Linie Gott.

Wir sind gottesgestaltig

Ich versuche immer wieder, meine Erfahrung in eine christliche Terminologie zu übersetzen. Die Väter hatten noch weit mehr Mut, solche Erfahrungen zu formulieren. Wir haben den Trennungsgraben zwischen Gott und Welt zu weit aufgerissen. Klemens von Alexandrien schreibt: »Der göttliche Logos ist Mensch geworden, damit wir von einem Menschen lernen können, wie ein Mensch vergöttlicht werden kann.« Es gehe darum, so schreibt er, »hier in dieser irdischen Wirklichkeit bereits Gott zu werden und als ein Gott im Fleische umherzugehen.« Und der Kirchenlehrer Basilius wagt den Gläubigen zu sagen: »Es ist uns aufgegeben, Gott gleich zu werden nach dem Vermögen der menschlichen Natur.« Und Eckhart predigt: »Er (Jesus) ist aus dem Grund Mensch geworden, dass er (Gott) dich als seinen eingeborenen Sohn gebäre und als nicht weniger … Denn deine menschliche Natur und seine (Jesu Christie) haben keinen Unterschied.«

Gott grenzt sich ein in unsere menschliche Natur

Einheit mit Gott bedeutet einen dynamischen Lebensprozess, der auf ein immer tieferes Begreifen dessen ausgerichtet ist, was wir Gott nennen. Eckhart würde sagen: Wir sollen »Gott in uns Gott sein lassen«. Aus der Erfahrung Gottes soll ein »Gott-Leben« werden.

Dann bekommt auch die Gestalt des Gottmenschen Jesus Christus wieder neue Bedeutung. In ihm ist das Göttliche Urprinzip, wie in uns allen, Mensch geworden. Der Wanderprediger erinnert mich in vielem an die Weisen des Ostens. Angeregt von ihnen, sollten wir versuchen, ihn neu für uns zu deuten. Dazu müsste er allerdings aus dem verengenden Blickwinkel der Kirche und der Theologie herausgeführt werden. Vielleicht könnte sich dann auch das Christentum von einer einseitigen Hebräisierung und Hellenisierung befreien. Dann bekämen zentrale Ereignisse wie Geistempfängnis, Taufe, Verklärung, Kreuzigung und Auferstehung auch für unseren wissenschaftlich geschulten Verstand wieder Bedeutung und erschienen den Menschen nicht als Relikte einer vergangenen Zeit. Schon als Theologiestudent habe ich bei Dr. Eberhard Nestle gelernt, nach dessen Übersetzung wir ins Neue Testament eingeführt wurden, dass wir mehr Paulinismus als Jesuanismus in unserem Christentum haben. Jahrtausende alte Traditionen, wie sie die Religionen des Ostens kennen, sind in das Leben Jesu eingeflossen und haben heute noch die gleiche heilsgeschichtliche Bedeutung.

Thomas von Aquin kommt mir in den Sinn: »Alles, was ich geschrieben habe, scheint Stroh zu sein im Vergleich mit dem, was ich gesehen habe und was mir geoffenbart worden ist.« (Thomas von Aquin kurz vor seinem Tod nach einem mystischen Erlebnis in der Kirche von Vosa Nova) – Nach Thomas kann Gott nicht mit einem Teil seiner selbst gegenwärtig sein, denn in Gott gibt es keine Teile. Er ist mit seiner Wesenheit (Essenz) in allen Dingen. Darum kann Eckhart sagen: »Wenn ich nicht wäre, wäre Gott nicht.«

Teresa von Avila und Johannes vom Kreuz sprechen in ihren mystischen Erfahrungen von *der Einheit*. Teresa beschreibt in ihrem Buch *Die Innere Burg* zwei Möglichkeiten der leeren Einheit. Die erste Einheit löst sich auf, wenn der Mensch ins Tagesbewusstsein zurückkehrt, wie zwei Wachskerzen, deren Flammen zusammengehalten wurden, sich wieder trennen. Die wirkliche Einheit beschreibt sie mit folgenden Worten: »Hier jedoch ist es, wie wenn Wasser vom Himmel in einen Fluss oder eine Quelle fällt, wo alles nichts als Wasser ist, so dass man weder teilen noch sondern kann, was nun das Wasser des Flusses ist und was das Wasser, das vom Himmel gefallen; oder es ist, wie wenn ein kleines Rinnsal ins Meer fließt, von dem es durch kein Mittel mehr zu scheiden ist; oder aber wie in einem Zimmer mit zwei Fenstern, durch die ein starkes Licht einfällt: dringt es auch getrennt ein, so wird doch alles zu einem Licht.«

Johannes vom Kreuz sagt in vielen Gedichten das Gleiche. Aber es gilt hier, was Eckhart einmal am Schluss einer Predigt sagte: »Solange der Mensch dieser Wahrheit nicht gleicht, solange wird er diese Rede nicht verstehen. Denn es ist eine unverhüllte Wahrheit, die da gekommen ist aus dem Herzen Gottes unmittelbar.« Eckhart spricht von dieser leeren Einheit, wenn er vom

Innersten des Menschen spricht. »Da hat niemand hineingelugt, nicht einmal der Dreifaltige Gott, denn dort ist Einheit. … dieses einige Eine ist ohne Weise und ohne Eigenheit. Und drum: Soll Gott je darein lugen, so muss es ihn alle seine göttlichen Namen kosten und seine personhafte Eigenheit; das muss er allzumal draußen lassen, soll er je darein lugen. Vielmehr, so wie er einfaltiges Eins ist, ohne alle Weise und Eigenheit, so ist er weder Vater noch Sohn noch Heiliger Geist in diesem Sinne und ist doch ein Etwas, das weder dies noch das ist.« (Predigt 2) Und weiter predigt er: »Nun denn, lieber Mensch, was schadet es dir, wenn du Gott vergönnst, dass Gott Gott in dir sei?« (Predigt 6)

Nach Zeiten der Gotteskrise (Metz) und Zeiten der Gottesfinsternis (Buber) gibt es wieder so etwas wie einen Gotteshunger. Er ist existentiell und wächst aus der Tiefe unseres Menschseins heraus. Wir suchen eine Deutung unseres Lebens. Wir wollen Gott in uns Mensch sein lassen. In diese Erfahrung möchten uns die spirituellen Wege hineinwachsen lassen.

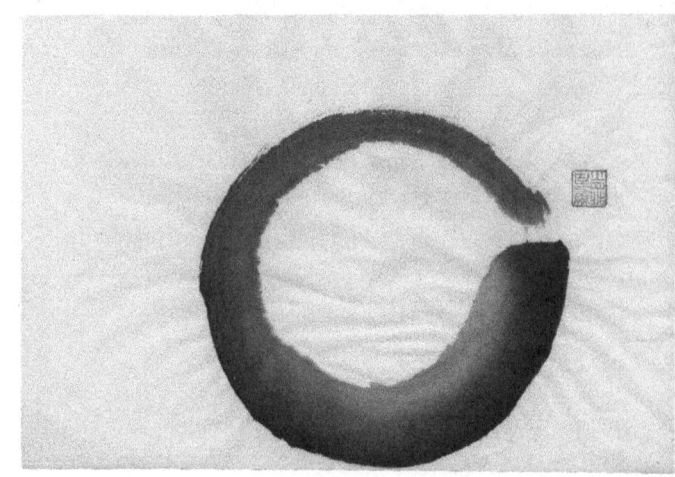

Krankheit – Heilung

Es sei (nun) Krankheit oder Armut oder Hunger
oder Durst oder was immer es sei, … was dir Gott
gibt oder nicht gibt, das alles ist für dich das Beste.
(Eckhart, Predigt 4)

Die heilende Kraft unseres tiefsten Wesens

Der Mensch ist integraler Bestandteil eines intelligenten Kosmos. Die Art und Weise, wie er denkt, fühlt und handelt, ist für seine Entwicklung, seine Gestaltwerdung und seine Gesundheit ausschlaggebend. Materie, Körper, Psyche und Geist bilden eine Einheit. Krankheit ist daher mehr als die Symptome, die uns jeweils plagen. Sie verweist uns auf Zusammenhänge, die wir durch Stress, Emotionen, Ängste verloren haben. Heilen bedeutet die Ordnung und Harmonie des ganzen Menschen wieder herstellen. Das führt auch zur Heilung der Symptome. In jedem Menschen ist heilende Kraft von Natur aus angelegt oder latent vorhanden. Es ist nicht unsere Kraft. Es ist die »Urkraft«, die in unserer Tiefe ruht. Sie möchte geweckt werden. Sie kann unsere gängige Medizin nicht ersetzen. Aber sie kann sie ergänzen.

Es geht mir um eine vollkommen neue Sicht von Welt und Mensch, von Körper, Psyche und Bewusstsein und als Folge davon um eine ganz neue Einstellung zu Gesundheit, Krankheit, Leiden, Sterben und Tod. Ich möchte die Augen für eine neue Perspektive von Krankheit, Leben und Sterben öffnen und werde versuchen, ein anderes Menschen- und Weltverständnis zu skizzieren, das an die Stelle eines naiven Homozentrismus und Geozentrismus treten könnte. Oft ist es ein Erkenntnisschub, der unser Weltbild erschüttert. Einen solchen Erkenntnisschub brachten für mich meine persönlichen Erfahrungen in den Wegen des Zen und der Kontemplation. In diesen Wegen liegen heilende und ordnende Kräfte. Der Mensch wird mehr und mehr als ein Ganzes gesehen. Und wie wir heute wissen, spielen geistige und psychische Gesichtspunkte in der Heilung von Krankheiten eine entscheidende Rolle.

Das neue wissenschaftliche Denken rückt Gesundheit und Krankheit in ein neues Licht. Auch die Schulmedizin erkennt allmählich die Einheit von Geist und Körper und dass wir aktiv an Krankheit und Gesundheit unseres Körpers mitwirken. Eine Krankheit ist weder ausschließlich Sache des Körpers noch ausschließlich Sache des Geistes. Die Erkenntnis der Interaktion von Geist, Psyche und Körper führt zu einem Paradigmenwechsel in der Medizin und damit zu einer neuen Interpretation des physischen Körpers. Unser Körper ist keine bewusstlose Maschine, die man einfach reparieren kann, indem man Teile entfernt oder ersetzt. Er ist kein Konglomerat von Molekülen, vielmehr ein Prozess, und die Vorgänge formen einen Körper. Und – dies ist inzwischen längst erwiesen: Wir können ganz bewusst in unseren Körper und in unsere Psyche eingreifen, können unseren Körper durch neue Einsichten beeinflussen. Es gibt ein ganzes Gebiet, Psychoneuro-Immunologie genannt, das diese Zusammenhänge erforscht. Dabei werden der Einfluss des Geistes und der Gefühle auf das Immunsystem näher untersucht. Die Frage ist letztlich, wie weit beeinflusst unser Bewusstsein, unsere Gedanken, den physischen Körper und umgekehrt? Noch deutlicher: Kann sich Bewusstsein materialisieren?

Nicht wenig Menschen unserer Tage zweifeln am Sinn des Daseins. Sie leiden an einer noogenen Neurose, wie Viktor Frankl es nennt, das heißt an einer Neurose, die nicht psychische, sondern existentielle Ursachen hat. Maslow nennt das die Metapathologie. Die eigentliche Krankheit sitzt viel tiefer als die Symptome. Sie äußert sich in der Frage: Warum lebe ich überhaupt? Wer bin ich wirklich? Warum dieses Unglück? Warum trifft es gerade mich? Mochte der Mensch früher noch gefragt haben: Wie bekomme ich einen gnädigen Gott, so fragt er heute: Warum lebe ich? Er weiß nicht, warum er ein paar Jahrzehnte auf diesem Planeten, den eine Spezies, die seit ein paar Jahrtausenden über sich selber nach- denken kann, Erde nennt, herumtappt.

In diesen Fragen kommt eine Sehnsucht zum Tragen, die C.G. Jung dem Individuationstrieb zuschreibt. Er sagte einmal: »Unter allen meinen Patienten jenseits der Lebensmitte, das heißt jenseits 35, ist nicht ein einziger, dessen endgültiges Problem nicht das der religiösen Einstellung wäre. Ja, jeder krankt in letzter Linie daran, dass er das verloren hat, was lebendige Religionen ihren Gläubigen zu allen Zeiten gegeben haben, und keiner ist wirklich geheilt, der seine religiöse Einstellung nicht wieder erreicht, was mit Konfession oder Zugehörigkeit zu einer Kirche natürlich nichts zu tun hat.« (Jung, GW, 11. Bd., Zürich, 1963, S. 362)

Spüren spiritueller Grundbedürfnisse

Wenn zentrale physische Grundbedürfnisse nicht erfüllt werden, erkrankt der Mensch. Wenn er nichts mehr isst, wenn er keinen Sauerstoff, kein Wasser mehr hat, stirbt der Mensch. Er wird aber genauso krank, wenn er seine spirituellen Grundbedürfnisse nicht erfüllt. Die Tragik liegt darin, dass viele diese spirituellen Grundbedürfnisse noch nicht einmal spüren.

Ein Mensch, der Hunger hat, wird sich etwas zu essen suchen. Er weiß, wenn er diesem Grundbedürfnis nicht nachkommt, wird er krank. Wenn er aber seinen Hunger nicht wahrnimmt, wird er sich auch nichts zu essen suchen. Er wird an Mangelerscheinungen erkranken. Wenn er weiterhin nichts isst, wird er sterben. Wir merken oft nicht, dass wir spirituell unterernährt sind und daher keine Resistenz und keine Kraft für das eigentliche Leben besitzen.

Was können wir also tun? Wir sollten den Anschluss an unser tiefstes Wesen suchen. Von dort her kommen uns heilende und ordnende Kräfte. Es gibt eine Energie, die vor unserem Denken und Wollen liegt. Wir nennen sie unser tiefstes Wesen. Es steht also etwas hinter unserer personalen Struktur, etwas, was diese personale Struktur als Instrument benützt. Dieses unser tiefstes Wesen spielt gleichsam auf diesem Instrument. Aber es kann nur spielen, wenn das Instrument mit sich spielen lässt. Wenn es zu sehr von sich selber besessen ist und seine eigene Melodie spielen will, kommt eine falsche Melodie zustande.

Es gibt kein größeres Heilmittel als unser tiefstes Wesen. Wir brauchen es nicht zu suchen, wir haben nur die verdeckenden Schichten abzulösen, um seiner heilenden Kraft teilhaftig zu werden. Dazu muss der Pilger Mensch sein temporäres Ich kultivieren und relativieren. Hierbei kann Psychotherapie helfen. Aber erst die Überschreitung der Ich-Grenzen auf der *via purgativa* (dem Weg der Reinigung) lässt uns unsere Konditionierungen erkennen und macht uns bereit für einen tiefgründigen Heilungsprozess.

Glück oder Heil

Krankheit und Gesundheit sind eine sehr subtile Angelegenheit. Mangel an Sinn macht krank. Der Mensch sucht im Allgemeinen mehr nach Glück als nach Heil. Was der Mensch unter Glück versteht und was er unter Heil versteht, ist nicht dasselbe. Glück und Heil gehören zwar irgendwie zusammen, aber wenn wir zu diesen Worten Assoziationen suchen, kommen wir auf ganz verschiedene Begriffsinhalte. Die Menschen meinen etwas ganz Verschiedenes, wenn sie diese Worte gebrauchen. Glück hängt zusammen mit angenehmen Erlebnissen. Dazu gehören Essen, Wohnen, die Erfüllung der leiblichen Bedürfnisse, aber auch Angenommensein, Zuwendung, Status haben, Geborgenheit. – Nicht zum Glück gehören Angst, Leid, Konflikte, Einsamkeit, Tod.

Heil dagegen meint etwas ganz anderes. Wenn wir von Heil sprechen, denken wir nicht einfach an ein glückliches Leben. Heil meint viel mehr, eine endgültige Antwort auf den Sinn des Lebens gefunden zu haben. Die Heilswege sind zwar ganz verschieden, haben aber alle eines gemeinsam. Sie führen durch Konfrontation, durch Not, durch Angst, durch Sterben und Tod. So können sich Heil und Glück in unserem Leben widersprechen. Der Weg zum Heil ist keine breite Straße. Er führt oft durch eine enge Pforte, über einen steilen Weg, er führt durch die Tiefe des Unbewussten, dort werden wir konfrontiert mit Menschen, mit der Welt, mit dem Bösen, mit Tod und Gott.

Heil kommt von Innen

Die Heilung des Körpers scheint eine Folge der inneren Heilung zu sein. Der Raum größerer Ruhe und inneren Friedens wirkt heilend. Wie finden wir ihn? Platon berichtet von Sokrates, der mit einem jungen Mann über dessen Kopfweh sprach. Er lässt Sokrates sagen: »Er (der junge Mann) klagte mir neulich … der Kopf wäre ihm immer so schwer, wenn er des Morgens aufstände.« Was ist das Mittel das Sokrates dem jungen Mann empfiehlt? »… so wie man nichts unternehmen dürfe, die Augen zu heilen ohne den Kopf, noch den Kopf ohne den ganzen Leib, so auch nicht den Leib ohne die Seele; sondern dieses eben wäre auch die Ursache, weshalb bei den Hellenen die Ärzte den meisten Krankheiten noch nicht gewachsen wären, weil sie nämlich das Ganze verkennten, auf welches man seine Sorgfalt richten müsste, und bei dessen Übelbefinden unmöglich irgendein Teil Wohlbefinden könnte. Denn alles, sagte er, entspränge aus der Seele, das Böse und das Gute.« (Platon I, S. 131 ff.)

Sokrates meint, dass man nicht die Symptome einer Krankheit heilen sollte, sondern den ganzen Menschen. Zum ganzen Menschen aber gehören auch Psyche und Geist. Zum ganzen Menschen gehört vor allem auch jener Bereich unseres Menschseins, den wir Transzendenz nennen oder in der traditionellen Sprache Gott. Alles entspringt aus der Seele, meint Sokrates. Gesundheit und Krankheit haben sehr viel mehr mit unserer Lebensauffassung und Weltsicht zu tun, als wir meinen.

Sokrates rät dem kopfwehkranken jungen Mann, das Ganze im Auge zu haben. Zum Ganzen gehört auch das, was wir Spiritualität nennen. Spiritualität meint jenen Weg in den transpersonalen Bereich des Bewusstseinsraumes, den gewöhnlich die Religion, vor allem aber die Esoterik anspricht. Wenn der Mensch diesen spirituellen Teil vernachlässigt, gerät er genau so ins Ungleichgewicht, als wenn er den physischen Bereich vernachlässigt. Nicht unser Körper ist dann krank, der ganze Mensch ist krank, auch wenn sich die Krankheit zunächst nur im Körper zu zeigen scheint.

Krankheit ist keine Niederlage. Manche kämpfen gegen ihre Krankheit, weil sie diese für eine Strafe halten. Sie meinen vielleicht sogar, dass sie ihre Krankheit verdient haben. Manche Menschen setzen von Kindheit an Schmerz und Strafe gleich. Krankheit ist nie Strafe. – Krankheit führt den Menschen in eine Krise.

Der Begriff »Krise« kommt aus dem Griechischen und bedeutet unter anderem Scheidung, Entscheidung und Wahl. Krise kann zu einer Entscheidungskrise werden, zur Herausforderung, einen neuen Abschnitt des

Lebens zu beginnen. Krankheiten führen uns in Grenz-
situationen. Es entsteht eine fundamentale Verunsicherung. Die Frage ist, ob wir die Verunsicherung als Auf-
bruch zu etwas Neuem sehen können. Verunsicherung
bedeutet, dass man den Ausgang nicht schon im Voraus
bestimmen kann.

Wenn man jemandem nur wenige Wochen zu leben
gibt, verliert der Patient die Abwehrkräfte. Dieses
Phänomen ist bei den so genannten primitiven Völkern bekannt. Wenn der Zauberer einen Menschen
wissen ließ, dass seine Medizin ihn zu Tode bringen
wird, starb der Mensch. Er verlor seine Lebensenergie.
Der vermeintliche Zauber zerstörte seine Abwehrkräfte. Gehirn und Nervensystem sind nur die Hard-
ware, die Software ist das Bewusstsein. Programmierer
ist das innere Selbst. Wer in Berührung mit dem inneren Programmierer kommt, kann das Programm verändern.

Krankheit und Spiritualität

Manche Menschen wollen nicht wirklich geheilt werden. Da klagt ein Mensch über permanente Magen-
schmerzen. Kein Mittel hilft wirklich. Der Grund sitzt
im psychischen Bereich. »Wenn ich gesund werde, ver-
liere ich meine Rente!« Diesen psychischen Bereich
kann man aber nicht einfach heilen. Es fehlt an Ur-
vertrauen in diesen tieferen Lebenssinn, der im transpersonalen Bereich liegt. Wenn dem Kranken ein
umfassenderer Lebenssinn aufgeht, verschwinden die
Symptome auf den unteren Ebenen. Wenn wir Zugang

zu diesem tieferen Lebenssinn erhalten, ändert sich unsere Ansicht von Krankheit. Wir bekämpfen dann nicht mehr die Symptome, sondern fragen nach den Ursachen. Gesund werden wir durch Integration des Fehlenden. Wir haben also nach dem Abgespaltenen zu suchen und es wieder einzugliedern.

Die Krankheit führt uns zu dem, was wir nicht leben, was wir verdrängt haben, was wir nicht wahrhaben wollen. Sie führt uns zu unserem Schatten. Krankheit kann ein Selbstheilungsversuch sein, denn sie kann uns vor einem endgültigen Zusammenbruch bewahren, der eintreten würde, wenn wir uns dem tiefer liegenden Lebenssinn konsequent verschließen.

Heilende Energien

Was können wir tun? Wie finden wir zur Ganzheit unseres Menschseins zurück? Dieser Körper, den ich habe, steht in ständiger Interaktion mit meinem wahren, mit meinem tiefsten Wesen. In der Meditation versuchen wir, aufmerksam zu werden auf die Impulse, die aus der Tiefe unseres Seins kommen und sich materialisieren. Ziel ist es, diese nicht abzublocken, sondern auf sie einzugehen.

Während der Meditation zeigt das Zentralnervensystem eine andere Funktionsweise als im Wachzustand und Traumzustand. Der Atem wird langsamer und reduziert sich auf zwei bis drei Atemzüge in der Minute bei Fortgeschrittenen. Es steigert sich die Kohärenz und die Wellenart verschiebt sich. Meditation, Kontemplation und andere spirituelle Wege versuchen uns zu ordnen. Chaotische Felder in uns kommen durch die Ruhe in eine neue Kohärenz. Aber der Prozess ist nicht so einfach, weil das Feld ständig von irgendwelchen Ich-Impulsen verändert wird. Es kommt also darauf an, ob wir uns in unserem hektischen Alltag diese Ruhe gönnen. Zwei Komponenten sind dabei unerlässlich. Zum einen der Fokus: Wir beobachten den eigenen Atem, wiederholen ein Wort, ein Mantra oder einen Ton oder eine rhythmische Aktivität. Es geht darum, den Strom der Alltagsgedanken zu unterbrechen und den Kopf ›frei‹ zu bekommen. Zum anderen eine passive Haltung gegenüber ablenkenden oder ›eindringenden‹ Gedanken: Sich beispielsweise nicht darüber sorgen, ob man es richtig macht, sondern den Geist sanft auf den Fokus zurückdirigieren.

Der einfachste, unaufwändigste Weg zur Entspannung führt über folgende Stufen:

1. Wählen Sie ein Wort, einen Begriff, ein Gebet, die als Fokus verwendet werden, oder konzentrieren Sie sich nur auf den Atem.
2. Sitzen Sie ruhig in einer bequemen Haltung.
3. Schließen Sie die Augen oder lassen Sie sie halb offen, ohne etwas zu fixieren.
4. Entspannen Sie die Muskeln.
5. Atmen Sie langsam und natürlich, wiederholen Sie das Wort beim Ausatmen.
6. Bleiben Sie passiv, kümmern Sie sich nicht darum, ob Sie es gut machen. Wenn die Gedanken »wandern«, lenken Sie sie auf den Fokus zurück.

7. Bleiben Sie für 10 bis 20 Minuten bei dieser Übung.
8. Kommen Sie ein- bis zweimal pro Tag auf diese Übung zurück.

Eine weitere Anregung:
• Hören Sie auf den Körper.

Wenn Schmerzen kommen, tauchen Sie in den Schmerz ein, anstatt ihn zu bekämpfen. Der Schmerz wird zum Gegenstand der Achtsamkeit. Beißen Sie also nicht die Zähne zusammen. Entspannen Sie sich vielmehr in den Schmerz hinein. Gehen Sie mit dem Schmerz positiv und liebevoll um.

Achtsamkeit bedeutet nicht nur, zu merken, was in jedem Augenblick in und um einen herum geschieht, sondern es bedeutet darüber hinaus, sich in jedem Augenblick so zu akzeptieren, wie man sich gerade vorfindet. Dazu gehören auch unangenehme, schwierige Gefühle wie z. B. Angst. Fühlen Sie, wie sich die Angst in Ihnen anfühlt. Verdrängen Sie die Angst nicht, identifizieren Sie sich aber auch nicht mit ihr. Das gelingt nicht in kurzer Zeit. Sie haben sich auf einen Lebensweg gemacht. Wenn Sie dabei bleiben, wird Sie der Weg verändern.

Rituale

Wir nehmen die physischen Energien als etwas Selbstverständliches hin. Aber wir wissen heute, dass es feinstoffliche Energien gibt, die nicht weniger wirksam sind als die physischen.

Manche erfahren diese feinstofflichen Energien auch

auf der physischen Ebene. Schütteln, Prickeln, Zuckungen können ganz ungewollt und unkontrollierbar auftreten. Manche Energien reichen über den physischen Körper hinaus. Telekinese, Telepathie, Präkognition und so weiter. Das sind einige sehr auffällige Energiedemonstrationen, daneben gibt es eine Vielzahl eher unauffälliger und nicht messbarer.

Energie strahlt durch unsere Hände und durch unseren ganzen Körper, wenn wir uns positiv einer Person oder Situation zuwenden. Jede positive Energie, die wir aussenden, stärkt auch uns selbst. Positive Energie aussenden oder segnen kann man mit Worten, mit Gebärden, mit Handauflegen, aber auch mit einem Mantra oder einer (Gebets-)Gebärde.

Alle spirituellen Wege kennen diese heilenden Kräfte. Das universale Bewusstsein ist kreativ. Es ist auch heilend. Es ist eine transformierende Energie, die jedem Wesen innewohnt. Manche Menschen können sie stärker aktivieren als andere, je nachdem, in wieweit die Barrieren zwischen der Egostruktur und dem universalen Bewusstsein gefallen sind.

Hier liegt auch das Geheimnis der Wunderheilungen begründet. Man nennt sie in der Medizin Remission. Das sind plötzliche Heilungen, die man sich nicht erklären kann, die aber zweifelsfrei stattfinden.

Jeder Wallfahrtsort ist nichts anderes als eine Stätte, an der heilende Kräfte zum Fließen kommen. Nicht Maria oder die Kannon wirken da Wunder, sondern dadurch, dass sie visualisiert oder angerufen werden, werden Energien mobilisiert, die Trost, Heilung, Beru-

higung und Zuversicht bringen. Es entstehen Mitgefühl, Gleichmut, Ehrfurcht und Ergebenheit, wenn
keine Hilfe möglich scheint.

Rüdiger Dahlke berichtet in seinem Buch *Lebenskrisen
als Entwicklungschancen* über folgendes Experiment
aus der russischen Militärforschung: »Um störungssi-
chere Nachrichtenentwicklung zu testen, machte man
folgendes brutale Experiment. Einer Kaninchenmutter
wurden ihre Jungen kurz nach der Geburt weggenom-
men und auf U-Booten in weit entfernte Teile der Welt
gebracht. Zu bestimmten festgesetzten Zeiten wurden
die Jungen geschlachtet, während bei dem Muttertier
physiologische Messungen erhoben wurden. Aus diesen Daten konnte man eindeutig erkennen, dass die
Mutter im selben Moment spürte, wenn eines ihrer Jungen umgebracht wurde.« (Dahlke, S. 37) Es gibt offensichtlich auch in der Welt der Tiere Verbindungen, die
sich nicht auf die Materie stützen. Das kann sicher jeder
bestätigen, der einen Hund oder eine Katze besitzt.

Jeder Segen, jedes Gebet ist nichts anderes als ein Senden von positiver Energie. Jedes Kreuzzeichen, das man
macht, ist Aktivierung heilender Energie. Wenn wir drei
Brüder während des Krieges nach einem Urlaub wieder
aus dem Elternhaus gingen, machte die Mutter uns mit
geweihtem Wasser ein Kreuzzeichen auf die Stirne. Man
kann so etwas als magische Geste abtun, aber es ist
nichts anderes als eine Übertragung positiver Energien.
Wenn man für andere betet, ist da nicht einer, der dem
anderen etwas zukommen lässt. Es ist wie ein Natur-

gesetz auf einer höheren Ebene. Gute Wünsche, Gebete kreieren einen heilsamen Energiefluss.

Wie kann man diese Energie aktivieren?

Diese Energie wird oft in einer helfenden Gestalt imaginiert, bei den Buddhisten zum Beispiel als Kannon oder Kanzeon mit ihren elf Köpfen und hundert Armen oder als weiße Tara, als Maria oder die 14 Nothelfer im Christentum. Es sind nicht die Gestalten, die helfen, sondern die kosmische Energie, die sich in der Vorstellung in diesen Gestalten frei setzt und wirkt.

Heilende Kraft wird auch in einem Mantra erweckt und in die Welt gesandt – durch Rezitation von Om, Jesu, Shalom, Kyrie eleison und so weiter. Oft ist es nicht möglich, physisch in einen Zustand oder in eine Situation einzugreifen, aber durch das Mitfühlen und unser Wohlwollen senden wir helfende Kräfte. Die Kraft heiliger Laute hilft uns und anderen in schweren Stunden, ja, sie hilft sogar bei bedrohlichen, Angst einflößenden Träumen und bei anderen Schrecksituationen. Man kann so auf Angstzustände, geistige Verwirrung und Krankheiten beruhigend und heilend einwirken.

Wenn man auf die Kraft Jesu vertraut, aktiviert man die Kraft des Universums im Bilde Jesu oder eines Heiligen. Die Kraft ist latent in jedem vorhanden, sie wird durch ein Bild oder auch bildlos erweckt und entwickelt. Die Tibeter stellen sich zur Heilung von Krankheiten Lichtstrahlen vor, die von einem Buddha oder Bodhisattva ausgehen und an die kranke Stelle gesendet werden. Nach der Simonton-Heilmethode stellt sich der Kranke kleine Fische vor, die alle Krebszellen auffressen. In Wirklichkeit aktiviert dieses Bild das Immunsystem. Man nimmt an, dass über Talamus und Hypophyse die übrigen Drüsen aktiviert werden, die dann das Immunsystem stärken.

Die heilende Gebärde

In diesem Zusammenhang haben auch Fürbitten ihren tiefen Sinn. Die Gebete und Zeremonien, die bei Anrufungen verrichtet werden, gleichen sich in allen Religionen. Es werden Kerzen angezündet und Weihrauch, Blumen oder Speisen dargebracht. Es wird der Rosenkranz gebetet, sei es buddhistisch, moslemisch oder christlich. Man geht zu Fuß den Berg hinauf, man rutscht auf den Knien, man misst den Weg mit seiner Körperlänge aus oder hinterlässt eine Opfergabe für einen wohltätigen Zweck. Es ist nichts anderes als die Aktivierung positiver Energien. An unseren Wallfahrtsstätten habe ich das Gleiche erlebt wie vor der *Hase Kanon* in Kamakura. Zu Tausenden kamen jeden Tag die Menschen dorthin und suchten Zuflucht beim Bodhisattva Jizo oder bei der Kannon.

Es gibt in allen Religionen Rituale, die mit Imaginationen oder Visualisierungen verbunden sind. Man visualisiert einen Buddha oder Bodhisattva, man imaginiert sie als helfende Wesen. Für manche Menschen ist das sehr wichtig. Für andere sind Imaginationen nicht das

Wesentliche. Meiner Ansicht nach reicht es vollkommen, wenn man sich selbst in Licht getaucht imaginiert. Das Licht, das vom Herzen oder von oben kommen kann, lässt man bis in die Fingerspitzen und Zehen fließen. Licht als die reinigende Kraft, die von allem Negativen befreit. Licht ist nur eine Imagination der Energie, aber nicht die Energie selbst.

Oder man geht in die bildlose Leere, die keinerlei Strukturen mehr besitzt, in der eine tiefe Einheit mit der Ersten Wirklichkeit, unserem tiefsten Wesen, erfahren wird.

Gebetsgebärden sind besonders geeignet, diese Energie zum Fließen zu bringen. Sie aktivieren eine starke, verwandelnde Kraft sowohl für den, der sie (für sich) macht, wie auch für den Empfänger.

Einst wurde ein Heiler zu einem kranken Kind gerufen. Man bat ihn zu beten. Ein Skeptiker in der Menge der Anwesenden drückte deutlich seine Zweifel aus über so einen Aberglauben. Der Heiler drehte sich um und fuhr ihn an: »Du bist ein unwissender Dummkopf, du verstehst nichts von dieser Angelegenheit.« Der Skeptiker wurde wütend und fühlte sich beleidigt. Bevor er aber aufbegehren konnte, sprach der Heiler wieder: »Wenn diese paar Worte die Kraft hatten, dich wütend zu machen, warum sollten andere Worte nicht die Kraft der Heilung haben.«

Auch Rituale können eine tiefe psychische Wirkung hinterlassen. Im Ritual etwas abzuschließen, etwas neu zu beginnen oder Versöhnung zu schaffen hat in der zeitgenössischen Psychotherapie wieder eine wichtige Bedeutung erhalten.

Rituale sind zum Beispiel, eine Kerze anzuzünden oder etwas symbolisch zu verbrennen. Aufgabe der Rituale ist es, den Menschen in Bewegung zu setzen und nach oben und nach unten in eine pulsierende Einheit zu führen. Es gilt, die Weisheit unseres tiefsten Wesens zu entdecken, die auch in unserem Körper gespeichert ist. Dieses unser tiefstes Wesen ist die göttliche Dynamik selbst. Gott ist der Drang zur Rückkehr in die Einheit und der Drang in die schöpferische Vielfalt.

Liebevolle Güte zu sich selber

Man sammelt sich, indem man die Aufmerksamkeit auf seine Atemzüge richtet, und wendet sich nach innen. Man sagt sich innerlich: Möge Friede in meinem Herzen wohnen. Möge ich Heilung finden. Friede durchströmt mich. Mit jedem Ein- und Ausatmen sagt man einen dieser Sätze: Friede und Ruhe durchströmen mich. Freude durchströmt mich. Friede durchströmt mich. Nach einiger Zeit fährt man fort: Kraft durchströmt mich. Wärme durchströmt mich.

Tonglen

Im tibetischen Buddhismus gibt es eine Übungspraxis, die man Tonglen nennt. Es bedeutet »Aufnehmen und Aussenden« oder »Sich und andere austauschen«. Sie wird nur fortgeschrittenen Schülern vermittelt und besitzt eine ganz starke, verwandelnde Kraft. Bei dieser Meditation vergegenwärtigt man sich zum Beispiel

(möglichst sehr genau und bildhaft) einen Menschen, den man kennt und liebt und der schwer zu leiden hat – an einer Krankheit, einem Verlust, an Depressionen, Schmerz, Angst oder Furcht. Man stellt sich beim Einatmen das Leiden dieses Menschen als schwarze, rauch- oder teerartige dichte schwere Wolke vor, die man durch die Nase einatmet und dann ins eigene Herz sinken lässt. … Beim Ausatmen gibt man all seinen Frieden, seine Freiheit, Gesundheit, Güte und Kraft mit in die Atemluft, um sie diesem Menschen als heilendes und befreiendes Licht zu senden. Man kann sich auch eine Gegend vorstellen und die Menschen, die dort leben und leiden müssen. Man kann den ganzen Kosmos einbeziehen und ihm auf diese Weise Gesundheit, Glück und Güte zukommen lassen. Wer mit Liebe da ist – und wer betet, ist mit Liebe da –, aktiviert offensichtlich Energien im transpersonalen Raum, die ordnen, heilen und harmonisierende Wirkung haben.

Der bekannte tibetische Meister Kalu Rinpoche wurde nach so einer Unterweisung einmal gefragt, was denn sei, wenn man durch diese Praxis wirklich Krankheiten übernehmen würde. Er antwortete ohne Zögern: »O, sie sollten denken, dass es funktioniert!«

Da werden wir sofort ertappt in unserem Egoismus. Wir sind immer bereit, unser eigenes Leid zu vermindern, aber das Leid anderer auf uns zu nehmen, und sei es auch nur in imaginärer Form, da haben wir unsere Probleme.

Genau das aber will Tonglen hinterfragen. Tonglen

will das Hätscheln und Verteidigen des eigenen Ichs um jeden Preis untergraben. Genau hier wollen wir nämlich gar nichts mehr wissen von der Überwindung der Dualität. Tonglen zielt auf wirkliches Mitgefühl, das entspricht dem Pfad des Mahayana-Buddhismus, dem auch Zen angehört.

Gebet für Kranke

In einer Aufsehen erregenden Studie versuchte 1988 der amerikanische Kardiologe Randy Byrd, Professor an der University of California in San Francisco, mit wissenschaftlichen Methoden die Frage zu klären, ob Beten hilft.

Er organisierte in einer Studie für 393 Patienten der Koronarstation des San Francisco General Hospital Gebetsgruppen. Im ganzen Land wurden Fürbitter (Protestanten, Katholiken und Juden) mobilisiert. Ihnen wurden die Namen, die Diagnosen und der Gesundheitszustand der Patienten mitgeteilt, für die sie beten sollten. Auf jeden Patienten der Gruppe, für die gebetet wurde, entfielen fünf bis sieben allein oder in Gruppen Betende. Das Ergebnis der Studie war verblüffend. Patienten, für die gebetet wurde, benötigten signifikant weniger Antibiotika, erlitten seltener Lungenödeme, mussten weniger häufig künstlich beatmet werden und hatten einen signifikant niedrigeren Krankheits-»score«. Inzwischen gibt es eine Vielzahl weiterer Untersuchungen, die diese Ergebnisse bestätigt. Byrds Kommentar: »Diese Studie liefert den Beweis für das, was Christen seit jeher glauben – dass

Gott sie erhört.« Auch der US-Kardiologe Prof. Mitchel Krucoff erbrachte in groß angelegten empirischen Studien an der renommierten Duke University den Beweis, dass Beten entscheidend auf den Gesundungsprozess von Herzpatienten einwirkt. Es ließ sich statistisch nachweisen, dass der Heilungsprozess der Menschen, für die gebetet wurde, weitaus positiver verlief als der von Patienten, die nur medizinisch betreut wurden.

Am effektivsten erwies sich die Methode, die Prof. Mitchel Krucoff 2005 auf dem Gebetskongress in Hamburg präsentierte und die er das »hochdosierte Beten« nannte. In diesem Versuch wurde für die Betenden selbst auch noch von Glaubensgemeinschaften gebetet. Statistisch zeigte sich hier eine gravierende Verbesserung des Heilungsprozesses der Patienten. – Man kann zu solchen Studien eine kritische Einstellung haben, doch es ist offensichtlich: Wer mit Wohlwollen und Liebe da ist und betet, setzt offensichtlich Energien frei, die einen Einfluss auf unser psychisch-physisches Befinden zeigen.

Sterben

Ob wir den Hirntod oder Atem- und Herzstillstand als Zeitpunkt des Todes definieren, hängt von der dahinter stehenden Anthropologie ab. Die Definition entspricht der Auffassung der Gesellschaft von Sterben und Tod. In unserer Gesellschaft stirbt man oft keinen natürlichen Tod mehr. Die Technik wird zum Herrscher über Leben und Tod. Sie wird wie ein Gott verehrt.

Vor einigen Wochen erhielt ich den Brief eines Arztes.

»Den Kampf gegen den Tod um jeden Preis kämpfe ich nicht mehr. Anfang Oktober ist ein 70jähriger Patient mit geplatzter Bauchschlagader auf dem OP-Tisch gestorben. Ich habe mit meinen Leuten eine halbe Stunde reanimiert, aber der Patient war tot. Der Operateur wollte aber einfach nicht aufhören zu operieren. Wir haben ihn dann mit der Leiche allein im Saal gelassen. Dies hat ihn sichtlich frustriert, aber anders hätte er es wohl nicht kapiert.«

Wenn Ärzte aus Verbissenheit in ihrem Kampf gegen das Sterben den Sinn für die Begrenztheit des Lebens verlieren, fehlt ihnen das rechte Menschenbild. Tod bedeutet für sie das Ende, das um jeden Preis hinausgeschoben werden muss. Ihre Weltsicht bezieht kein Weiterleben ein. Das ist keine Schuldzuweisung. Auch Ärzte sind nur eingebettet in die Denkweise der Gesellschaft.

Weil wir eine falsche Einstellung zu unserer Lebenszeit haben, haben wir auch eine falsche Einstellung zum Sterben. Unsere Weltanschauung, die christliche nicht ausgeschlossen, züchtet die Angst vor dem Tod. Solange am Ende des Lebens Gericht, Strafe und Verdammung verkündet werden, kann sich unsere Einstellung zum Leben nicht ändern. Warum wird im Christentum so viel vom Tod und nicht vom Weiterleben gesprochen? Zählen Sie die Auferstehungsbilder in unseren Kirchen. Erst in den letzten Jahren fügen die Katholiken dem Kreuzweg als letzte Station die Auferstehung hinzu.

In einer Ausstellung über das Sterben bei so genannten primitiven Völkern konnte man deutlich sehen, dass man bei ihnen nicht vom Tod spricht, der das Leben beendet, sondern vom Weiterleben. Wir Christen haben viel zu sehr von Tod und Gericht geredet – und tun das bis heute noch. Solange eine Religion ihre Moral aus der Angst vor Strafe ableitet – und das tun alle großen Religionen –, wird sich an der Einstellung zum Tod nichts ändern.

Weil der Mensch diese Botschaft vom Tod nicht erträgt, haben die Religionen Ewigkeitssymbole erfunden wie Himmel, ewiges Leben, ewige Ruhe, *visio beatifica*, Nirvana (wenn es falsch verstanden wird), und so weiter. Die Angst überwindet nur der, der sich als dieses Leben selber erfährt, das in allen Strukturen aufblüht und vergeht. Wer sich als dieses Leben erfährt, kann die jeweilige Struktur lassen. Sie kann abfallen wie ein welkes Blatt.

Ich bin immer wieder beeindruckt von einer Episode, die uns erzählt wird von Alexander dem Großen und einem indischen Weisen, den er auf seinem Feldzug am Indus traf. Er führte mit Kalamos, das war sein Name, tiefe Gespräche. Eines Tages bat dieser, Alexander möge ihm doch einen Scheiterhaufen errichten, er sei alt und krank und wolle sein Leben beenden. Er war überzeugt, dass er jetzt, da er doch sehr alt und gebrechlich sei, aus dem Leben scheiden dürfe. Alexander, der ihn sehr schätzte, war traurig, ging aber auf seinen Wunsch ein. Das ganze Heer trat zum festlichen Ereignis an. Die

Trompeten erschallten. Kalamos, der sich gebadet und geschmückt hatte, bestieg feierlich den Scheiterhaufen, um aus dem Leben zu scheiden.

Stellen Sie sich daneben eine Intensivstation vor, auf der offensichtlich Leben, das oft ganz natürlich zu Ende gehen will, mit allen Raffinessen erhalten wird. Ärztliches Handeln, das nur auf Lebensverlängerung eingestellt ist, scheitert am Sterben; ärztliches Handeln, das den Tod einbezieht, kann helfen. Religiöse Überzeugung ist eine Grundlage des Helfens und Heilens.

Vielleicht kommt einmal die Zeit, in der Menschen aus ihrem Sterben ein Fest machen wie aus der Geburt in diese Existenz.

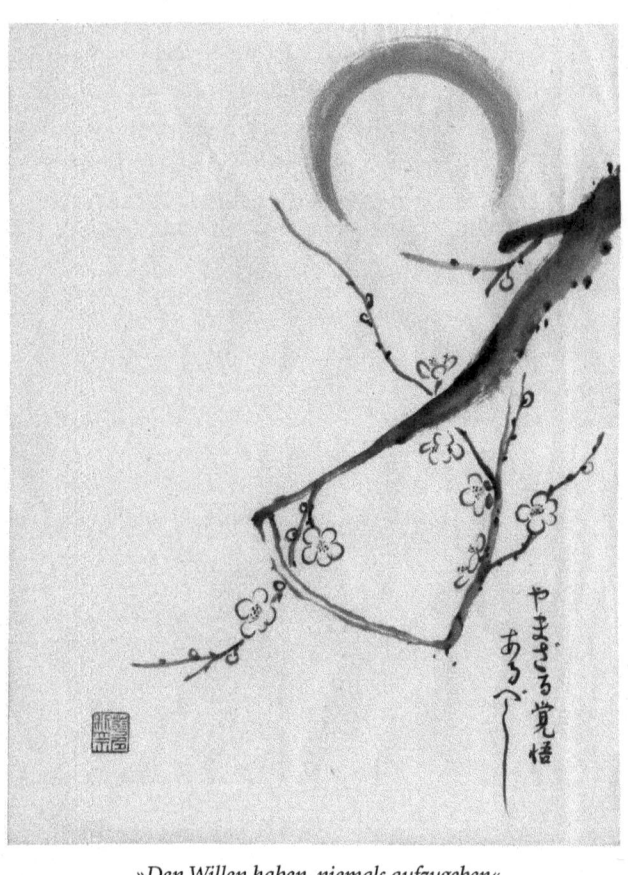

»Den Willen haben, niemals aufzugeben«

Alter oder die Chance der zweiten Geburt

Und so gibt es weder Alter noch Tod
noch ein Ende von Alter und Tod.
(Herzsutra)

Der Goldene Wind oder
Vollende deine Geburt![1]

In der Koan-Sammlung *Hegikanroku* steht die folgende Geschichte: Ein Mönch fragte den Meister Ummon: »Was ist, wenn der Baum verdorrt und die Blätter fallen?« Ummon sagte: »Vollkommene Manifestation des goldenen Windes!«

»Was ist, wenn der Baum verdorrt und die Blätter fallen?«, fragt der Mönch den Meister Ummon. Übersetzt heißt das: »Wenn deine Konzepte und Vorstellungen, die du von der Welt und den Dingen hast, wegfallen, was bleibt dann übrig?« Der Goldene Wind! Der Goldene Wind, das ist die reine Erfahrung der Wirklichkeit oder, wie man im Zen sagt, die Realisierung der Wirklichkeit. Es ist die Erfüllung unseres Lebens. Wir sind angekommen.

Das Koan scheint mir aber noch eine Bedeutung zu haben. Der Goldene Wind, das ist in Asien auch eine Umschreibung für die Zeit des Alters. Ich stelle mir vor, dass im Koan zwei alte Mönche beisammen sitzen und der eine den anderen fragt: »Wie offenbart ES sich jetzt, da wir alt und gebrechlich geworden sind?« Ist ES im Alter als das Alter zu erfahren? Ist ES in der Krankheit als Krankheit zu erfahren? Im Zen wird in diesem Zusammenhang oft von Sosein gesprochen, davon, dass die Dinge sind, wie sie sind. ES offenbart sich also auch

[1] Dieser Beitrag ist auch auf der CD *Der goldene Wind* enthalten. www.wege-der-mystik.de

als meine Gebrechen im Alter, auch als meine unheilbare Krankheit.

Ich bin jetzt 80 Jahre alt. Ich frage mich daher, was bedeutet es jetzt, alt zu sein? In Indien (aber auch bei den Daoisten in China) wird der Lebensweg traditionell in drei Stufen unterteilt:

1. Bis zum 25. oder 30. Lebensjahr entwickeln sich der Körper und die physische Person. Der Mensch erreicht einen gewissen Punkt der Reife. Er hat seine Ausbildung hinter sich und ist auch körperlich ausgewachsen.

2. Im nächsten Lebensabschnitt entwickeln sich andere Bereiche. Der Mensch heiratet möglicherweise, bekommt Kinder, ergreift einen Beruf, macht Karriere und entwickelt alle möglichen Talente. Für viele ist damit der Höhepunkt des Lebens erreicht, aber die Erwartungen an das Leben gehen weiter. Die so genannte Midlife-Crisis setzt bei vielen ein, sofern sie die wesentlichen Fragen nicht einfach durch Aktivität verdrängen. Oft hat der Mensch dann das Gefühl, es geht nur noch bergab. Aber er merkt dann, sollte wenigstens merken, dass er viel mehr ist, als er bis jetzt von sich zu wissen meinte.

3. Im dritten Lebensabschnitt ist der Mensch reif für einen Durchbruch ins Transzendente. Mit dieser Dimension beginnt die Persönlichkeit sich voll zu entfalten. Die vorangegangenen Lebensabschnitte waren eine Art Vorbereitung auf das Eigentliche. Jetzt gilt es, seine Geburt zu vollenden.

»Vollende deine Geburt!«

Das ist zwar das Thema des ganzen Lebens, aber es erhält, wenn man älter geworden ist, noch einmal eine tiefere Bedeutung. Dass uns Eltern geboren haben, war nur der Anfang. Alle spirituellen Wege wissen von einer zweiten Geburt, von einer Geburt »aus Wasser und Geist«, wie Jesus zu Nikodemus sagt. Es ist eine Geburt zum vollen Menschentum, zur Entfaltung aller Potenzen, die uns mitgegeben worden sind, die bis jetzt zu kurz kamen, die aber ein mehr an Leben bedeuten. Die meisten Menschen sind sehr genügsam. Sie schöpfen das Leben nicht aus.

In diesem Zusammenhang möchte ich noch auf zwei andere Geschichten zu sprechen kommen, die dieses Thema sehr schön illustrieren. Das Märchen »Hans im Glück« zeigt uns auch etwas von unserem eigenen Lebensweg. Wie Hans im Glück haben wir in unserem Leben einen großen Klumpen Gold verdient: Karriere, Partner oder Partnerin, Heirat, Haus, Kinder, Bankkonto, Urlaub. Das ist ein schöner Klumpen Gold. Aber ist das alles? Kommt noch etwas? Sind wir angekommen? Im Märchen heißt es: Hans hatte sieben Jahre bei seinem Herrn gedient und wollte nun heim zur Mutter gehen.

Mutter bedeutet: zu Hause, es ist der Platz, wo ich hingehöre. Dorthin, von wo ich ausgegangen bin, nicht meine Mutterbindung, wie vielleicht manche Therapeuten vermuten.

»Die Parabel vom Verlorenen Sohn« im Evangelium hat ähnliche Züge, auch wenn der Ausgangspunkt ein anderer ist. Da verlangt der Sohn sein Erbe, um ins große Leben hinauszuziehen. Das kann doch nicht alles sein, was er da zu Hause erleben kann. Das große Leben muss doch woanders stattfinden. Er zieht fort, probiert alles aus, bringt sein Erbe durch, und als er nun mit leeren Händen dasteht, erinnert er sich an seine Herkunft, an sein Vaterhaus, an seine Heimat. Draußen in der Welt ist nichts zu holen, nicht einmal das Schweinefutter ist ihm gegönnt. Mit leeren Händen steht er da. Also, das kann es doch nicht gewesen sein, das große Leben. Und er entschließt sich nach Hause zurückzukehren. Vielleicht nimmt mich der Vater wieder auf, denkt er. – Der Sohn symbolisiert unser Ichbewusstsein. Wir können uns leicht mit ihm identifizieren. Er agiert, wie wir auch agieren, bevor wir wissen, wer wir wirklich sind. Wir denken und handeln dualistisch, egozentrisch, narzisstisch, oberflächlich, einseitig.

Dieser Weg führt nicht zur Erfüllung, sondern zum Leid. Leid ist die natürliche Folge des Narzissmus, des Haben- und Besitzenwollens. Dieses Leid befällt den Menschen, wenn er allem nachgejagt ist, jede Ersatzbefriedigung versucht hat, alles durchgebracht hat. Er muss leider oft im Leben bis zum Schweinehirt hinuntersteigen. Nur der Leidensdruck scheint ihn dann auf den richtigen Weg zu bringen. Leid ist immer das Erkennungszeichen des Ego. Man kann seinen Egoismus vielleicht vertuschen, aber nicht dessen Wirkung. Die Wirkung des Egoismus ist Leid. Es gibt einen Schlager, in dem es heißt: »Du kannst das Feuer zwar verbergen, aber was machst du mit dem Rauch.« Der Rauch, das ist das Leid des Feuers Egoismus.

Die Parabel vom verlorenen Sohn ist unsere eigene Geschichte. Die Geschichte unserer Transformation. Wir kommen aus dem Vaterhaus, wie in dieser Geschichte der Urgrund genannt wird. Vater, das ist der Ozean des Lebens. Unser Ichbewusstsein ist wie eine Welle auf diesem Ozean. Die Welle mag sich freuen, getrennt zu sein vom Ozean. Sie meint vielleicht sogar, sie könne ohne den Ozean leben. Sie kann unter Umständen sogar den Ozean für das große Hindernis der Freiheit halten, bis sie merkt, dass sie zum Ozean gehört.

Wohl dem Mensch, der rechtzeitig mit seinem Suchen draußen an ein Ende kommt und umkehren will, wie der Sohn in der Geschichte. Wohl dem Menschen, dessen Leidensdruck so stark ist, dass er nicht mehr anders kann, als umzukehren und einzusehen, beim Vater ist alles in Fülle. Er ist die Quelle des Lebens. Alles haben wir von ihm. Wir müssen erkennen, dass Unabhängigkeit eine Illusion ist und in die Entfremdung führt.

Man hat aus dieser Parabel vielfach ein moralisches Paradestück gemacht. Aber in dieser Geschichte gibt es keinen moralischen Zeigefinger, kein »Ich hab's dir ja gleich gesagt, wärst du daheim geblieben, wär das alles nicht passiert«, kein Bußgewand, sondern ein Festkleid, Da ist Einsicht, Angekommensein, Vollendung, Transformation.

Zurück zu Hans im Glück. Hans geht es zwar besser als dem fortgelaufenen Sohn, der am Ende als Schweinehirt sein Leben fristen muss, aber das spielt keine Rolle. Ob es die Erkenntnis ist: »Da draußen geht es mir schlecht«, oder die Erkenntnis: »Der Goldklumpen ist es nicht«, immer ist es dieser innere Ruf, der uns ahnen lässt, dass das Leben noch auf eine andere Erfüllung wartet.

Der Weg des Lassens

Der Mensch erkennt, dass »Heil« nicht auf dem Weg des Anhäufens und Ansammelns zu erlangen ist, sondern nur auf dem umgekehrten Weg, auf dem Weg des Lassens. Der Goldklumpen wird eingetauscht gegen ein Pferd. Immer noch hängt Hans an den Dingen. Das Gold war es nicht, vielleicht ist es das Pferd. Man kommt schnell voran, aber alles Irdische ist ein gefährliches Tier. Es wirft einen leicht ab. Träumen, die uns wie im Auto voranbringen, sollten wir misstrauen. Der Weg zu Fuß ist in der Mystik immer noch der sicherste. – Dann hat er eine Kuh, sie gibt Milch, aber sie wird ihm dann doch zur schlechten Weggefährtin. – Dann ein Schwein. Aber es ist möglicherweise Diebesgut, gewaschenes Geld, erspieltes Geld, unlauter erworbenes Geld. – Dann eine Gans. Ein Festtagsbraten. Gänsefett für ein halbes Jahr.

Dann aber lieber doch den Wetzstein, mit dem ich mein Geld redlich verdienen kann. Der Scherenschleifer als Symbolfigur des einfachen Lebens. Redlicher Verdienst. Die Erkenntnis, dass es die einfachen Dinge des Lebens sind. Schließlich reicht ein Wetzstein. Und der fällt dem Hans, als er Wasser trinken will, in den tiefen Brunnen.

Der Wetzstein, das letzte Stück, an dem er sich festhalten möchte, versinkt. Hans kniet nieder, heißt es im Märchen, und betet: »Ich danke dir, Gott, dass du mich von allen unnötigen Dingen befreit hast.« Unbegreiflich – Hans ist jetzt der glücklichste Mensch. Er konnte alles lassen und jetzt ist er frei. Er braucht keinen Goldklumpen, kein Pferd und nicht einmal einen Wetzstein. Er besitzt alles und besaß schon immer alles. Er ist frei und kann das erkennen. Jetzt kann er sich wieder einen Wetzstein holen, ja, sogar einen Goldklumpen. Aber beides besitzt nun eine ganz andere Bedeutung für ihn. Er hängt nicht mehr daran. Er kann geben und nehmen, ohne von den Dingen besetzt zu sein.

Nicht Leistung, sondern Sein

Vollende deine Geburt! Das ist die Aufgabe unseres Lebens. Wir vollenden sie nicht durch Leistung, sondern durch Sein. Die Erfahrung des Seins, die Erfahrung unseres tiefsten Wesens, das ist die Hausaufgabe unseres Lebens.

Jetzt werde ich alt, und im Alter offenbart sich diese Einheit als meine Gebrechlichkeit, als meine Krankheit und Alterschwäche. Das Alter ist eine vollkommene Manifestation des goldenen Windes, eine vollkommene Manifestation Gottes. Unsere Gebrechen, der Haarausfall, die dritten Zähne, die Bedürftigkeit und Krankheit – sie sind eine »Offenbarung Gottes«. Solange wir

»Goldener Wind«

jung und gesund sind, lässt sich leicht so sprechen. Aber es will gelebt werden, wenn wir alt geworden sind und der »Baum verdorrt«. »Der Baum verdorrt« ist hier nicht negativ gemeint, es bedeutet, dass so manches abfällt, was mich hindert, ganz Mensch zu sein.

Es gibt noch viele andere Zen-Geschichten, die uns das nahe legen. Da bittet ein Schüler den Meister, ihm doch das Wesen der Wirklichkeit zu erklären. Der Meister antwortet: »Du hast schon drei Becher vom besten Wein getrunken und sagst immer noch, du hättest deine Lippen nicht benetzt.« Das heißt, du bist bereits trunken von dieser einen Wirklichkeit und behauptest, du würdest sie nicht kennen. Wir sind göttliches Leben von Anfang an. Das zu erkennen ist mir sehr wichtig. Wir können nichts werden auf unserem Lebensweg, wir sind etwas, wenn wir auf die Welt kommen.

Eckhart bestätigt uns das in seinen Predigten: »Die Seligkeit, die er (Jesus) uns zutrug, die war unser. Dort, wo der Vater im innersten Grunde seinen Sohn gebiert, da schwebt diese Natur mit ein. Diese Natur ist Eines und einfaltig.« »Alles denn, was Gott je seinem eingeborenen Sohn gab, das hat er mir ebenso vollkommen gegeben wie ihm und nicht weniger.« Und Shakyamuni Buddha spricht am Morgen seiner Erleuchtung: »Alle Wesen haben von Anfang an die Urnatur.«

Warum fällt es uns so schwer, das zu akzeptieren. In der Zen-Sprache heißt das: »Leerheit ist Form und Form ist Leerheit.« Es lässt sich nicht erreichen, wir sind ES von Anfang an. Ich muss keine Leistung erbringen. Meine Würde hängt nicht von meinem Tun ab. Ich bin etwas von Anfang an, auch in meinem Alter, auch wenn ich krank und gebrechlich bin.

Unsere eigene Geschichte (unser Lebensskript) wird uns in all diesen Geschichten erzählt. Die Geschichten sollen uns helfen, den wahren Standort im Leben zu finden. Sie wollen uns sagen, was wir von Anfang an sind. Dann beginnt unser eigentliches Leben, dann können wir hinausziehen oder daheim bleiben. Dann gibt es weder draußen noch drinnen. Dann erfahren wir alles als Ausdruck unseres wahren Wesens, wir erfahren uns als Form Gottes.

Das heißt nicht, dass wir jetzt die Hände in den Schoß legen und warten sollten, bis der Tod uns einholt. Der Weg endet auf dem Marktplatz. – Aber auch da ist nicht das Wichtigste, dass wir noch etwas leisten, es geht vielmehr um das Sein. Mit der Geschichte von Rabbi Balschem möchte ich schließen. Als er im Sterben lag, sagte sein Sohn zu ihm: »Wie schön wäre es doch, Vater, wenn du sagen könntest: ›Ich bin Abraham‹, wenn du jetzt vor Gott trittst.« Balschem antwortete ihm: »Gott wird mich nicht fragen: ›Warum warst du nicht Abraham?‹ Er wird mich fragen: ›Warum warst du nicht Balschem?‹« – Ich hoffe, dass ich das am Ende meines Lebens auch einmal sagen kann: »Ich war Willigis und als Willigis eine Spielfigur in dem grandiosen Spiel Gott.«

Und noch etwas. Es ist das Wichtigste von allem, was ich zu sagen habe: »Wir waren nie aus dem Vaterhaus. Auch als wir draußen waren, waren wir drin.« Was wir zutiefst sind, ist zeitlos, und in diese zeitlose Existenz werden wir zurückkehren.

Ein anderer wird dich gürten

Jesus sagte einmal zu Petrus: »Ich sage dir: Als du noch jung warst, hast du dich selbst gegürtet und konntest gehen, wohin du wolltest. Wenn du aber alt geworden bist, wirst du deine Hände ausstrecken und ein anderer wird dich gürten und dich führen, wohin du nicht willst.« (Jo 21,18) Jeder wird eines Tages schmerzlich erfahren, dass er nicht mehr gehen kann, wohin er will. Wir leben in einer Kultur, in der »jung sein« verherrlicht wird. Jeder fühlt sich verpflichtet, jung zu bleiben. Dem Alter wird wenig Verständnis und Unterstützung entgegengebracht. Doch unser menschliches Leben ist ein dauerndes Werden. Ziel ist es, zur Fülle voranzuschreiten und die reife Frucht des Lebens zu ernten. Wer ewig jung bleiben will, verweigert die Reife.

Das gilt auch dann noch, wenn die Körperkräfte nachlassen, wenn Hören und Sehen eingeschränkt werden. Gerade dann stellt sich die Frage nach dem Sinn des Lebens in entscheidender Weise neu. Das Durchleben von Krankheit kann zu einer neuen Begegnung mit sich selbst führen und zu einem ganz neuen Offensein für Gott und die Mitmenschen. Reifen durch Leid, ist das möglich? Die eigentliche Reife des Menschen beginnt tatsächlich dann, wenn er sich nur noch in das fügen kann, was ihm beschieden ist.

»Gehen, wohin du nicht willst …«

Wenn wir erst einmal die neuen Möglichkeiten entdecken, die nur das reife Alter zu geben vermag, dann wird diese Zeit kein passives Dahindämmern, sondern die Erfüllung unserer menschlichen Existenz. Gerade dann, wenn dem Menschen die Initiative des Handelns aus der Hand genommen wird, ereignet sich oft das Eigentliche im Leben. Er kann dann nur noch sagen: »Dein Wille geschehe«, und das gibt dem Meißel Gottes freie Hand, um uns die letzte Formung zu geben. Gott macht uns in dieser Zeit noch einmal ein Angebot, mit ihm in eine tiefe Gemeinschaft einzutreten. Einfach nur da sein. Ängste, Gedanken und alles, was uns treibt, loslassen. Da sein in Wohlwollen und Liebe für unsere Umgebung. Die Effektivität unseres Lebens liegt nicht mehr so sehr in der Leistung, sondern mehr in der wohlwollenden Präsenz. Wohlwollen und Liebe strömen lassen, das ist dann unsere eigentliche Aufgabe. Wir müssen nichts vorweisen, wenn wir sterben. Das göttliche Leben in uns ist der Adel, auf den wir bauen können. Eckhart kann daher predigen: »Man gedenke nicht Heiligkeit zu gründen auf ein Tun, man soll Heiligkeit vielmehr gründen auf ein Sein, denn die Werke heiligen nicht uns, sondern wir sollen die Werke heiligen.«

»Ein anderer wird dich führen …«

Wir sind dem Schicksal nicht einfach ausgeliefert. Der Tod ist ein ebenso wichtiges Ereignis wie das Geborenwerden. Es schließt sich nicht ein Tor, wenn wir gehen, es öffnet sich ein Tor. Wir sollten also auf das Neue schauen, das vor uns liegt. Nicht wir haben uns diesen Platz auf Erden ausgesucht, diese Urwirklichkeit Gott hat ihn ausgesucht, um sich in dieser unserer Gestalt zu verwirklichen. Unser Aufenthalt hier auf dieser Erde ist ein Akt Gottes. Es ist nicht *unser* Spiel, das wir hier spielen. Es ist das Spiel *Gottes*, das er als diese »Figur« spielt.

»Du wirst deine Hände ausstrecken …«
Du brauchst keine Angst zu haben. Strecke deine Hände aus. Du bist geführt. Die Angst, die oft nach älteren Menschen greift, kann auch eine positive Wirkung haben. Angst kann zur heilsamen Erfahrung der Wahrheit über die Begrenztheit und Sterblichkeit des Ich werden. Strecke deine Hände aus! Da ist einer, dem du die Hände hinstrecken kannst. Er wird dich führen.

Aussöhnung mit unserem Leben ist nicht leicht. Es bedeutet »ja« zu sagen zu Schmerz, zu Demütigung, zu Ungerechtigkeiten, die mir angetan wurden. Die alten Verletzungen kommen noch einmal hoch. Eine Therapie kann helfen, Verletzungen zu erkennen und zu deuten. Heilung geschieht jedoch nur durch Aussöhnung mit uns selber. Rückblickend mag unser Leben einem Zickzackweg gleichen, doch vielleicht können wir nun dankbar entdecken, dass dies der Weg nach oben auf den Gipfel Gott war. Heilswege führen durch ein Labyrinth. Manche Biegung geht nach außen und scheint von der Mitte wegzuführen. Wer jedoch auf dem Weg bleibt, erreicht das Zentrum und erkennt am Ende alle Biegungen und Windungen als Wandlungsprozesse.

Wenn ich mich jetzt ganz auf diesen Grund einlasse, mich jetzt an den lebendigen Gott halte, der in mir über diese Erde geht, dann brauche ich mich nicht zu sorgen, was nach dem Tod geschieht. Das Eine wird auch der Grund eines neuen Lebens sein, ganz gleich in welcher Form es weitergehen wird. Ob von dieser Individualität, die ich jetzt habe, etwas mit hinübergeht, braucht mich nicht zu kümmern. Ich bin hineingenommen in die göttliche Wirklichkeit. Ich lebe im Jetzt Gottes. Am Ende haben wir nur eines zu tun: loszulassen. Was wir zutiefst sind, kennt den Weg und wird sich offenbaren als das Eine, das keine Teilung kennt.

»Sorgt euch nicht um den morgigen Tag ...«
Ein Japaner wurde von einem Missionar gefragt, was ihn denn veranlasst habe, Christ zu werden. Ohne Zögern antwortete er: »Die Stelle der Bergpredigt: ›Sorgt euch nicht um euer Leben und darum, dass ihr etwas zu essen habt, noch um euren Leib und darum, dass ihr etwas anzuziehen habt.‹ (Mt 6,25) Als ich las, dass Gott sich auch um die Vögel des Himmels und die Lilien auf dem Feld kümmert, fühlte ich mich plötzlich befreit von allen Ängsten.«

Tod – Sterben – Auferstehung

Bevor es Garten, Weinstock oder Traube
gab in dieser Welt, war unsere Seele bereits trunken
vom Wein der Unsterblichkeit.
(Rumi)

Vor seiner Geburt war Jesus auferstanden.
Sterben gilt nicht für Gott und seine Kinder.
Wir Auferstandene vor unserer Geburt.
(Rose Ausländer)

Ewig ist das Leben, nicht
die individuelle Form

Der Tod ist nach der Geburt das wichtigste Ereignis unseres Lebens. Er ist die Vollendung unserer Geburt. Wir fügen uns nicht dem Tod, wenn wir sterben, wir fügen uns ein in den Fortgang des Lebens, das kein Verweilen kennt.

Leben und Tod sind nur scheinbare Gegensätze, die sich auszuschließen scheinen. In Wirklichkeit sind sie – wie der positive und negative Pol des elektrischen Stroms – nur zwei verschiedene Aspekte ein und derselben Lebensdynamik. Und das Nichtvorhandensein des einen würde das Verschwinden des anderen bedeuten. Wir verlieren nicht etwas im Sterben, wir gewinnen etwas, wir gewinnen das ganze Universum zurück, das hinter unserem Ich verborgen liegt oder, um es mit religiösen Worten zu sagen, wir gewinnen Gott ganz zurück, unverstellt vom Ich. Es schließt sich nicht ein Tor, es öffnet sich ein Tor, wenn wir sterben.

Wo glaubst du, warst du die ganze Zeit?
Eine alte Frau bügelte einen Haufen Wäsche. Da trat der Todesengel zu ihr: »Es ist Zeit! Komm!« Die Frau antwortete: »Gut, aber erst muss ich die Wäsche fertig bügeln, wer tut es denn sonst, und dann muss ich kochen, meine Tochter arbeitet im Geschäft, sie braucht etwas zu essen, wenn sie heimkommt. Siehst du das ein?« Der Engel ging. Einige Zeit später kam er wieder. Er traf die Frau, wie sie aus dem Haus ging. Der Engel

sagte: »Komm jetzt, es ist Zeit!« Die Frau antwortete: »Aber ich muss erst ins Altenheim. Da warten ein Dutzend Leute auf mich, die von ihrer Familie vergessen wurden; kann ich sie denn im Stich lassen?« Der Engel ging.

Einige Zeit später kam der Engel wieder und sagte: »Es ist Zeit! Komm!« Die Frau antwortete: »Ja, ich weiß schon, aber wer bringt meinen Enkel in den Kindergarten, wenn ich nicht mehr bin?« Der Engel seufzte: »Also gut, solange dein Enkel nicht allein gehen kann …«

Etliche Jahre später saß die Frau am Abend müde da und dachte: »Eigentlich könnte der Engel jetzt kommen; nach all der vielen Arbeit muss die Seligkeit doch recht schön sein.« Der Engel kam. Die Frau fragte: »Bringst Du mich jetzt in die ewige Seligkeit?« Der Engel fragte zurück: »Und wo, glaubst du, warst du die ganze Zeit?«

Wir sind durchtränkt von der Idee, es gebe eine bessere Welt. Wir meinen, es müsse eine Alternative zum Hier und Jetzt geben, das uns offensichtlich nicht genügt. Wir fordern eine ganz andere Schöpfung – die jetzige hat zu viele Unvollkommenheiten. Sie ist, um es deutlich zu sagen, das Werk eines Stümpers. Hätte diese erste Wirklichkeit, die wir Abendländer seit einigen tausend Jahren Gott nennen, nicht etwas Besseres bieten können? Wir sind vom Wahn erfüllt, dies alles sei nur vorläufig. Wir finden uns nicht ein ins kosmische Geschehen, wir wehren uns gegen diese scheinbare Auslieferung an Leid, Not, Tod. Dabei ist die Evolution übersät mit Hekatomben von Leiden. Geborenwerden und

Sterben ist die Struktur dieser ersten Wirklichkeit. Kommen und Gehen.

Die Religionen bestärken uns in dieser falschen Auffassung vom Leben, bieten uns Hoffnungsbilder an. Das Eigentliche – sagen sie – kommt erst noch. Im Himmel, später, nach dem Tod, dann kommt die heile Welt: Eine bessere Wiedergeburt, bis das Nirwana erreicht wird; Auferstehung, Himmel und ewige Seligkeit; Ausgleich für all das Gute und das Böse. Religionen leben von diesen Hoffnungsbildern. Hoffnungsbilder sind wichtig, weil der Mensch sonst der Sinnlosigkeit anheim fällt. Sie sind aber auch das letzte Bollwerk, hinter dem das Ich sich verschanzt, um seinen Fortbestand zu retten. Der Mensch könnte das Leben ohne diese Hoffnungsbilder nur schwer ertragen. Religion ist in dieser Hinsicht ein wichtiger Faktor der Evolution. Im Kampf um das Überleben braucht der Mensch nicht nur Wasser und Nahrung, er braucht auch Sinndeutung für sein Leben. Religionen bieten diese Bilder an. »Einmal wird alles gut sein«, versprechen sie. »Bei Wohlverhalten wirst du belohnt mit einer besseren Wiedergeburt, mit Nirwana, mit der ewigen Seligkeit.« Auch die Psychologie verspricht uns vielfach das Heil: »Wenn du dich nur von allen beherrschenden, täuschenden Bildern und deinem Über-Ich gelöst hast, dann bricht das volle Leben an.«

Der Mensch wünscht sich einen Himmel, in dem es kein schlechtes Wetter, keine Zahnschmerzen, keine Erdbeben, Überschwemmungen, Kriege, Feindschaften und Probleme gibt. Aber es gibt nichts außerhalb dieses

Urprinzips. Es ist alles eingeschlossen, was sich da in uns und um uns vollzieht, auch Leid, Krieg und Tod. Es gibt nichts außer diesem göttlichen Tanz. »Religiös sein« heißt, mitzutanzen und sich als Tänzer oder Tänzerin und als Tanz zu erfahren. Es fehlt uns leider die Leichtigkeit des Lebens: die Leichtigkeit des Tanzes, die Leichtigkeit des Kommens und Gehens, des Geborenwerdens und Sterbens. Wir sind schlechte Tänzer. Wir möchten immer den Schritt machen, der nicht dran ist. Und dadurch verhaspeln wir uns, treten uns und anderen auf die Zehen. Die Erfüllung unserer Sehnsucht liegt in uns, aber es ist nicht unsere Mitte, sondern die Mitte Gottes, die wir dort finden. Die Menschen suchen den Erlöser draußen. Sie hoffen, dass es Jesus, Shakyamuni, Amida Buddha oder Shiva für sie macht. Unser Ich kann sich Erfüllung nur im Du vorstellen. Dass wir dieses Du, von dem wir alles erwarten, selber sind, lässt sich rational nicht begreifen. Die Erfüllung unserer Sehnsucht liegt in uns. Religion ist unser Leben, so wie es sich vollzieht. Hier und jetzt ist es zu finden. Dieses Ur-Prinzip manifestiert sich im Baum als Baum, im Tier als Tier und im Menschen als Mensch und, wenn es Engel und Teufel gibt, im Engel als Engel und im Teufel als Teufel.

Wiedergeboren wird immer nur die Erste Ursache
»Wo, glaubst du, warst du die ganze Zeit?«, fragt der Todesengel die Frau. Hier und jetzt manifestiert sich die Erste Wirklichkeit. Als Wiedergeburt und Auferstehung vollzieht sie sich in jedem Augenblick. Neue Formen

kommen, alte zerbrechen. Auch diese unsere menschliche Form wird zerbrechen. Aber was wir zutiefst sind, diese göttliche Wirklichkeit (Wesensnatur, Erste Ursache) das inkarniert sich aufs Neue. Es wird wieder eine Form entstehen. Ob sie noch eine Identität mit der alten Form besitzt, ist unwichtig. Es inkarniert sich wieder diese Erste Wirklichkeit, das, was wir zutiefst sind. Wir sagen im Allgemeinen: »Ich bin geboren.« Eigentlich müssten wir aber sagen: »ES ist als ich geboren.« Dieses ES in uns selber und in jeder Struktur, in jeder Form zu erkennen, das nennt man mystische Erkenntnis. Wir erkennen dann, dass ein jeder von uns nichts anderes als eine ganz individuelle Ausformung Gottes, eine ganz individuelle Welle des Ozeans Gott ist. Es ist nicht unser Leben, das wir leben, sondern Gottes Leben. Das führt zu der Erkenntnis, die Shakyamuni Buddha bei seiner Erleuchtung so ausdrückte: »Ich bin der Einzige im Himmel und auf Erden.« Gleichzeitig erkannte er, dass alle diese Wesensnatur haben, dass jeder das in dieser Weise ausdrücken kann. Jeder kann mit Shakyamuni ausrufen: »Ich bin der Einzige.« (Vielleicht sagen wir im Deutschen besser: »Ich bin das Einzige.«) Und jeder kann mit Jesus sprechen: »Ich und der Vater sind eins«, und »Bevor Abraham ward, bin ich.« Diese Einheit verweist auf die Einheit Gottes mit allem. »Wer mich gesehen hat, hat den Vater gesehen.«

Wiedergeboren wird immer nur die Erste Wirklichkeit. Das zu erfahren ist Erleuchtung. Warum also Angst haben vor der Hölle? Warum von schlechtem Karma sprechen? Die Angst vor einem strafenden Gott weicht heutzutage vielfach der vor einer schlechten Wiedergeburt. ER/ES bleibt aber unbefleckt und kreiert sich stets als eine neue Form.

Unser Ich hängt an seinem Fortbestand. Es muss an seinem Fortbestand hängen. Dafür entwickelten wir es. Es ist ein wesentlicher Teil im Evolutionsprozess, wie die Religion. Religion ist eine »List der Gene«, wie Gerhard Schmied nicht zu Unrecht behauptet. Sie dient dem Überleben. Sie war und ist für viele notwendig zur Lebensbewältigung, so notwendig wie Wasser und Nahrung. Aber der nächste Schritt in der Evolution führt in den transpersonalen Raum.

Jami, ein Sufimystiker, sagt in einem Gedicht: »Wer die Stadt der Liebe betritt, findet dort nur Raum für Einen.« Dort gibt es das Wort »Ich« nicht. Dort gibt es nur das Wort »Wir«, besser noch, das Wort »Eins«. Sich getrennt von allem zu erleben ist der Zoll, den wir für unsere Menschwerdung, das Auftauchen aus einem symbiotischen Vorbewusstsein zu bezahlen haben. Wir wissen noch nicht, wie wir mit dieser Gabe »Ich« umzugehen haben. Sie hat uns in die Isolation geschleudert. Wir bauen Zäune, sagen »mein«, verteidigen unseren Besitz oder wollen den anderen etwas wegnehmen. Wir wissen noch nicht, wie man sich als Gemeinschaft fühlt und wie man als Gemeinschaft lebt. Es ist das große Problem des Einzelnen, aber auch der Stämme und der Völker.

Wer in die Dimension des Göttlichen (als Christen

sagen wir »Reich Gottes«) eintreten will, muss eine Grenzüberschreitung vornehmen. Er muss heraus aus der Ich-Isolation. Er tritt in einen Bereich ein, der noch nicht aufgespalten ist in Geist – Materie, Licht – Dunkel, gut – böse, Heil – Unheil. Was wir »Person« nennen, ist eine »Person auf Zeit«. Unsere »zeitlose Person« erfahren wir, wenn diese »Person auf Zeit« zurücktritt.

Es geht also nicht um eine Perpetuierung des Ich, sondern um eine Entgrenzung, die in die Zeitlosigkeit, Raumlosigkeit und Leerheit hineinführt. Der Tod des Ich bedeutet ein Übergehen in eine neue Seinsform. Das ist es, was uns die Auferstehung Jesu verkündet.

Mit dieser Beschreibung sind wir aber letztlich keinen Schritt weiter, weil wir nur einmal mehr vergeblich versuchen, diese ganz andere Ebene mit Begriffen zu beschreiben, die dem Ichbewusstsein zugeordnet sind und die den Anschein erwecken, unser Ich ginge in einer anderen Seinsform weiter.

Wir *sind* der göttliche Energiestrom. Dieser Energiestrom schafft ständig Neues. In der Meereswelle ist nach wenigen Metern vom alten Wasser nichts mehr vorhanden. Nur die Energie geht weiter und kreiert aus immer neuem Wasser neue Wellen. Dieser Energiefluss geht auch in unserem Leben weiter. Es ist aber nur dieser Energiestrom, der sich fortsetzt, und nicht die gleiche Form, nicht die gleiche Persönlichkeitsstruktur. Wir möchten unsere personale Struktur in die Ewigkeit hineinretten. Aber diese personale Struktur wird nicht mitgehen. Diese Ichstruktur ist nur ein Konglomerat

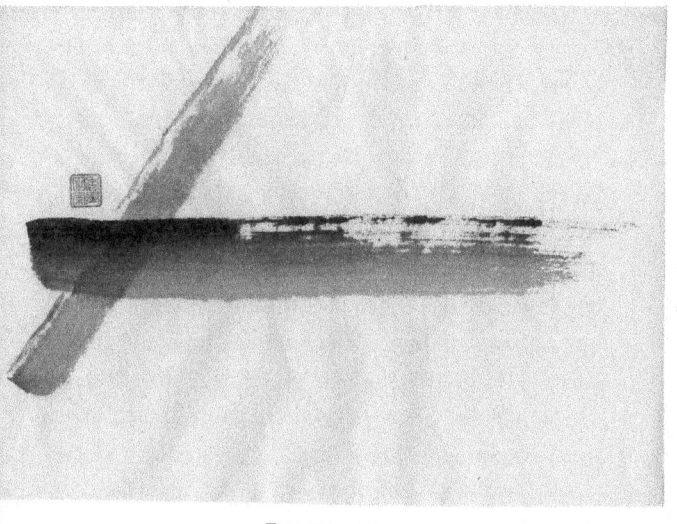

»Entgrenzung«

von psychischen Aktivitäten, denen unser Gedächtnis Festigkeit und Permanenz verleiht. Wiedererstehen wird immer nur die Urwirklichkeit, die wir Abendländer Gott nennen.

Ewig ist nicht die individuelle Form, sondern nur das Leben. Dieses Leben kennt keinen Wandel, keine Zeit und keinen Raum. Zeit und Raum entstehen durch die Formen, die kommen und gehen. Auf der Ebene der Formen können wir von Vergangenheit und Zukunft reden. Letztlich aber gibt es keinen Punkt Omega, keinen Gipfel, keinen Stillstand. Es gibt nur diesen zeitlosen Tanz, den das Leben als Evolution vollzieht. Es gibt nur Alpha *und* Omega. Der Sinn des Tanzes liegt nicht darin, zu Ende zu kommen. Er liegt im Tanz selbst.

Der Sinn des Lebens liegt nicht darin, möglichst lange zu leben, sondern Augenblick für Augenblick zu leben.

Die Erste Wirklichkeit ist Zeit und Zeitlosigkeit. Wie ein Lineal eine Einheit ist und auf der einen Seite eine metrische Einteilung besitzt, auf der anderen Seite aber leer ist, so ist auch diese Urwirklichkeit Gott eine Einheit von Zeitlosigkeit *und* Zeit, von Raumlosigkeit *und* Raum. Wer das Ich-Gefängnis überschreitet, tritt ein in die Welt der Einheit, Leerheit und Zeitlosigkeit. Nur dort ist zu erfahren, was Nirwana oder Auferstehung ist.

Die theistischen Religionen nennen diese letzte Wirklichkeit »Gott«. Mit dem Wort »Gott« bleibt bei vielen aber eine dualistische Vorstellung verbunden: Wir hier, Gott dort; wir unten, Gott oben.

Geburt und Tod sind zu transzendieren.

Echte Mystik definiert den Begriff Unsterblichkeit anders als die Religionen. Sie kennt daher auch nicht die übliche Vorstellung von Wiedergeburt, sondern nur Nicht-Geboren und Nicht-Ausgelöscht. Es geht nicht um ein Auslöschen des Todes, mit dem Ziel, ewig zu leben, sondern um ein Transzendieren von Geburt und Tod. Wir halten uns für sterblich, weil wir meinen, dass Geburt und Tod existieren. Wir sind aber nicht sterblich, weil wir eine vergängliche Existenz haben, sondern weil unser Ichbewusstsein ständig Geborenwerden und Sterben erlebt. Was wir zutiefst sind, ist zeitlos; es erscheint nur in Zeit und Form, es wechselt nur die Kleider, aber nicht das Wesen.

Unio mystica ist die Erfahrung des Einsseins von Form und Leerheit. Es ist das Erleben der Einheit der eigenen Identität mit der Ersten Wirklichkeit. Christlich könnte man es bezeichnen als Einssein von Gott und Geschöpf. Nirwana ist der Zustand, in dem ein Mensch lebt, der die Einsicht in die eigene Wesensnatur (in das wahre Wesen der Dinge) verwirklicht hat. Das gilt für alle Existenzmöglichkeiten, ob nun eine Identität beim Sterben gewahrt bleibt und mit in eine neue Existenz geht oder nicht. Es besteht kein essentieller Unterschied zwischen Samsara und Nirwana. Aus einer solchen Erkenntnis kommt ein Zweites. Aus der Erfahrung dieser Einheit steigt die Barmherzigkeit, die Liebe zu allen Wesen hervor. Das ist keine Liebe mehr zu einem Du. Es ist die Liebe, die unsere Sonne hat, die nicht fragt, bist du gut oder böse. Ich kann natürlich sagen, ich liebe meine Augen, ich liebe mein Bein, aber eigentlich trifft das Wort nicht zu. Ich bin ja mein Bein, ich bin ja meine Augen.

Die theistischen Religionen sagen, wenn der Tod ausgelöscht werden könnte, wäre uns das ewige Leben sicher. Sie unterstellen aber damit, dass Leben ausgelöscht werden kann. Die Mystik ist viel konsequenter. Leben kann nicht ausgelöscht werden. Das tiefste Wesen des Menschen ist ungeboren und unsterblich. Die Ursache von Geburt und Tod ist unser Ich. Unser Ich und Geburt und Tod gehören zusammen. Unser Ich sucht die Dauer. Damit gibt es Geborenwerden und Sterben. Die Sucht des Ich will die Permanenz. Diese Sucht beruht auf Unkenntnis und mangelnder Erfahrung des eigenen Wesens. Wenn diese Unwissenheit aufgehoben ist, schwindet auch die Sucht nach Dauer und damit schwindet die Angst vor dem Tod. Die Mystik des Ostens und des Westens versucht, uns zu unserer wahren Natur zu erwecken, die frei ist von Geburt und Tod. Man kann in eine letzte Vollendung nicht eingehen, indem man aus Geborenwerden und Sterben aussteigt. Gott vollzieht sich als Geborenwerden und Sterben.

Unsterblichkeit ist nur im Augenblick zu finden, oder sie ist überhaupt nicht zu finden. »Du meinst, du wirst Gott sehen und sein Licht. Oh Narr, du siehst ihn nie, siehst du ihn heute nicht.« (Angelus Silesius) Unsterblichkeit liegt im Augenblick, in der Realisierung der Wirklichkeit hier und jetzt, liegt in dem, was ist.

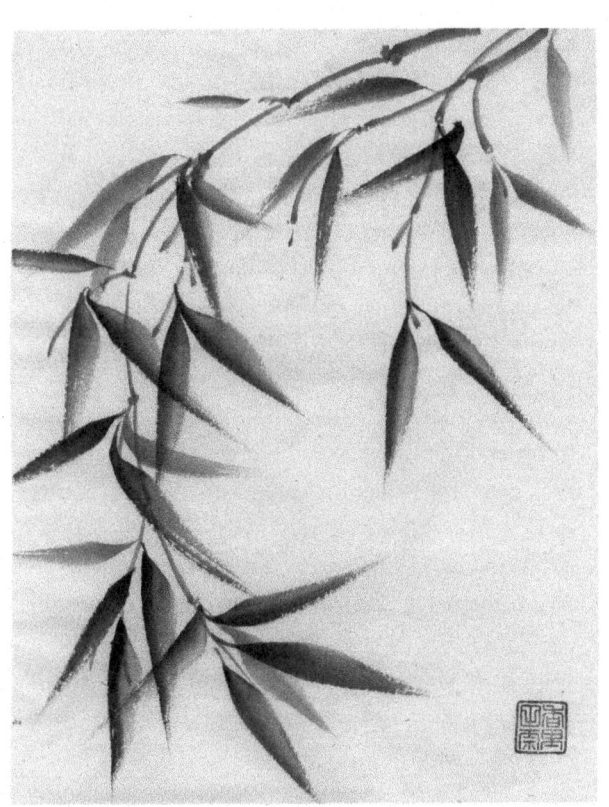

Da sagten sie zu ihm: »Du bist noch keine fünfzig Jahre alt und willst Abraham gesehen haben?« Jesus erwiderte: »Amen, ich versichere euch: Ich bin – bevor Abraham überhaupt geboren wurde.« (Johannes 8,57) Rose Ausländer schrieb: »Vor seiner Geburt war Jesus auferstanden. Sterben gilt nicht für Gott und seine Kinder. Wir Auferstandene vor unserer Geburt.«

Rumi sang in einem Lied: »Bevor es Garten, Weinstock oder Traube gab in dieser Welt, war unsere Seele bereits trunken vom Wein der Unsterblichkeit.«

Eckhart predigte: »Wenn ich zurückkomme in ›Gott‹ … Wenn ich in den Grund, in den Boden, in den Strom und in die Quelle der Gottheit komme, so fragt mich niemand, woher ich komme oder wo ich gewesen sei. Dort hat mich niemand vermisst.« (Predigt 26) Und er fährt fort: »Und darum bin ich ungeboren, und darum kann ich niemals sterben. Aufgrund meines Ungeborenseins bin ich ewig gewesen und bin jetzt und werde ewig bleiben. Was ich durch meine Geburt bin, das wird sterben und zunichte werden, denn es ist vergänglich.«

Dürfen auch wir diese Sätze sagen? »Bevor Abraham ward, bin ich.« – »Wenn ich in Gott zurückkomme, so hat mich dort niemand vermisst. Ich war nicht fort. Nie bin ich aus Gott herausgefallen.«

In der Taufe wurde uns diese Einheit mit Gott bestätigt. Da wurde nichts abgewaschen. Wie bei Jesus öffnete sich der Himmel und eine Stimme sprach: »Dieser ist mein geliebter Sohn, diese ist meine geliebte Tochter.«

Als es mir persönlich vergönnt war, die Grenzen des Ich zu überschreiten, habe ich erkannt, dass es kein Sterben gibt. Einmal stand ich an der Schwelle und war bereit zu gehen. Es war kein Zu-Ende-Kommen, es war ein Eingeladen-Werden in eine umfassende, beglückende Wirklichkeit. Eine unglaubliche Stille entstand. Ich könnte auch sagen, eine Leere, aber die Leere hatte eine Qualität. Sie lud mich ein zu kommen. Aber die Zeit zu gehen war noch nicht da. Mir wurde klar bedeutet: Hinüber-Wollen ist nicht möglich. Du musst gerufen werden. – Die Dinge waren, was sie sind. Und plötzlich gab es auch keine Spaltung, kein Gegenüber mehr, sondern nur Einheit.

Was zurückblieb war die Gewissheit, dass ich nicht das bin, was ich gemeint hatte, zu sein, und dass alles aus der Essenz kommt, die wir Gott nennen, und nichts kann davon getrennt sein. Und noch etwas wurde mir klar: Nicht einmal das, was wir böse nennen, ist getrennt. Es ist nur Mangel an Erkenntnis. Eine tiefe Ehrfurcht vor den und dem Anderen und eine heilige Ehrfurcht vor mir selbst, vor meiner eigenen Würde und selbst vor der Würde von Terroristen und Menschenschindern erfüllte mich. Nichts ist ausgenommen. Jedes Wesen ist ein leuchtendes spirituelles Zentrum. Wenn die Hülle geht, erfährt der Mensch seine Herkunft und stellt fest, dass er nie woanders war. Die Erfahrung floss in eine tiefe Demut und in einen klaren Auftrag: Anderen zu dieser Erfahrung zu verhelfen.

Gott ist die Gestaltungskraft in jeder Gestalt. Gott ist nie ohne Gestalt. Gott ist in ständiger Inkarnation. Diese Urwirklichkeit, die Jesus »Vater« nannte, wird Gestalt als Logos, das heißt wird Gestalt als Blume, als Tier, als Galaxie, als Kosmos, als Mensch, als ich. Sie wird Gestalt als alles, was Gestalt hat. In jeder Gestalt ist sie ganz.

Eckhart sagte: »Wer Gott so, (das heißt) im Sein hat, der nimmt Gott göttlich und dem leuchtet er in allen Dingen; denn alle Dinge schmecken ihm nach Gott, und Gottes Bild wird ihm aus allen Dingen sichtbar. In ihm glänzt Gott allzeit, in ihm vollzieht sich eine loslösende Abkehr und eine Einprägung seines geliebten, gegenwärtigen Gottes.« (Pred. 6) »In dem Schmecken, in dem Gott sich schmeckt, darin schmeckt er alle Kreaturen, nicht als Kreaturen, sondern die Kreaturen als Gott. In dem Schmecken, in dem Gott sich schmeckt, in dem schmeckt er alle Dinge.« (Pred. 26)

Auch der Tod schmeckt nach Gott. Dieses Zeitlose kennt nicht Geborenwerden und Sterben.

Untergang ist Übergang in eine andere Existenzform. Untergang ist ein Überleben anderer Art – und das nicht im Sinne eines Überdauerns des Ich, sondern im Sinne eines Weiterbestehens unserer wahren Identität.

Wenn ein Tänzer einen Schritt verlässt und einen neuen macht, ist das nicht der Untergang des Tanzes. Es ist der Fortgang des Tanzes, eines neuen Tanzschritts. Gott tanzt seine Schöpfung. Er ist Tänzer und Tanz in einem. Auch wir sind Tänzer und Tanz und ein ganz individueller, einmaliger, unverwechselbarer Tanzschritt Gottes. – Wenn ein Geiger den nächsten Ton spielt, ist das nicht der Untergang der Melodie, sondern der Fortgang der Musik. – Gott ersteht im Baum als Baum, im Menschen als Mensch und in der Galaxie als Galaxie. Im Untergang ist er Untergang. Und so ist der Untergang in Wirklichkeit Aufgang, er ist der Vollzug Gottes, er ist die Evolution Gottes.

Geborenwerden und Sterben ist die Struktur Gottes. Es gibt keinen Tod, es gibt nur das Sich-Selbst-Gebären Gottes im Kommen und Gehen. Und das Vergehen ist ebenso bedeutsam wie das Wiederkommen. Auch das Untergehen ist der Herzschlag Gottes, nicht nur das Auferstehen.

Das eigentliche Problem, das wir haben, ist nicht das Sterben, sondern unsere Anhänglichkeit an eine bestimmte Form, an diese Form, die wir jetzt haben. Jede Gestalt hat ihre unverwechselbare Bedeutung. So wie ich bin, bin ich die Manifestation der Urwirklichkeit Gott. Meine wirkliche Aufgabe ist es, Mensch zu sein. Mensch zu sein mit allen Potenzen. Darin liegt eine einmalige Aussage Gottes – ganz gleich, ob ich wieder erstehe und als was ich wieder erstehe. In jeder möglichen Gestalt bin ich die Gestalt Gottes.

Darum sage ich »ja« zu dieser meiner Gestalt und zelebriere sie wie einen Gottesdienst. Und das ist der eigentliche Auftrag, den ich habe: Gott zu leben in dieser Gestalt und mein Leben zu zelebrieren als Leben Gottes. Das göttliche Urprinzip lässt sich gar nicht verfehlen.

Darum beschäftigt mich das Thema Wiedergeburt nicht. Wiedergeboren wird immer nur Gott. Warum sollte ich Angst haben? Das ist die wahre Religion. Gott wird nicht auf diesem oder jenem Berg angebetet. Er wird im Geist und in der Wahrheit angebetet. Ihn als mein Leben zu erfahren, das nenne ich: »Gott im Geist und in der Wahrheit anbeten.« Jede Religion sollte ihre Anhänger zu dieser Erkenntnis führen. Alle Religionen sind Wege in die Erfahrung des Kommens und Gehens Gottes.

Erlösung ist immer da

Wir haben uns nur für sie zu öffnen. Sie ist nicht etwas, das kommt. Die Kräfte der Urwirklichkeit, der wir so viele Namen gegeben haben, ist die eigentliche Triebkraft. Wir machen nicht unsere Erlösung, wir öffnen uns für unsere Erlösung. Wir sind nicht die Suchenden, wir sind die Gesuchten. Erlösung ist Erkennen unseres göttlichen Lebens.

Wir sind eine Epiphanie Gottes. Wir sind Söhne und Töchter Gottes. – Spirituelle Wege lehren uns, loszulassen, damit unser wahres unsterbliches Sein aufleuchtet. Die spirituellen Wege lehren uns, dass das Ja zum Tod das Eintrittstor ins Leben ist. »Der Tod«, sagte mir einmal eine Sterbende, »ist der Kuss Gottes, der mich aufweckt in ein neues Sein.« – Einmal, wenn wir wirklich begreifen, wer wir sind, werden wir unseren Tod feiern wie unsere leibliche Geburt.

Es geht nicht um ein Auslöschen des Todes, um ewig zu leben, sondern um ein Transzendieren von Geburt und Tod. Wir halten uns für sterblich, weil wir diese äußere Gestalt verlieren. Aber was wir wirklich sind, kennt weder Geburt noch Tod.

»Ich bin ungeboren, und nach der Weise meiner Ungeborenheit kann ich niemals sterben. Nach der Weise meiner Ungeborenheit bin ich ewig gewesen und bin ich jetzt und werde ich ewiglich bleiben. Wenn ich zurückkomme in ›Gott‹ … so ist mein Durchbrechen (in die Gottheit) viel edler als mein Ausfluss. … Wenn ich in den Grund, in den Boden, in den Strom und in die Quelle der Gottheit komme, so fragt mich niemand, woher ich komme oder wo ich gewesen sei. Dort hat mich niemand vermisst.« (Eckhart, Pred. 26)

Verlieren, um zu gewinnen

»Wer an seinem Leben hängt, verliert es; wer aber sein Leben in dieser Welt gering achtet, wird es bewahren bis ins ewige Leben.«

»Wer das Leben gewinnen will, wird es verlieren; wer aber das Leben um meinetwillen verliert, wird es gewinnen.« (Lk 17,33)

Verlieren, um zu gewinnen – solch eine Aussage widerspricht der Steigerungslogik, der sich unsere Gesellschaft verschrieben hat: Immer mehr, immer schneller, immer reicher, immer größer.

Die oben zitierte Stelle des Evangeliums wird oft moralisch ausgelegt. So als ob wir auf Vieles verzichten müssten, um gerettet zu werden. Für mich hat sie jedoch einen viel tieferen Sinn. Es geht um ein »Mehr an Leben«. Es geht nicht um Verzicht, es geht darum, loszulassen, um mehr zu sein. Es geht um einen neuen Reichtum. Aber dieser Reichtum liegt auf einer anderen Ebene.

Jesus sagte zu Nikodemus: Du musst wiedergeboren werden, um auf diese Ebene zu kommen. Deine leibliche Geburt ist nicht alles. Dein leiblicher Vater ist nur ein kleines bisschen dein Vater. Gott ist dein wirklicher Vater. Deine ewige Geburt musst Du erfahren. Deine Geburt aus Gott. Dein wahres Leben.

Aber um diese ewige Geburt zu erfahren, müssen wir den Vorhang wegziehen, der uns die Sicht auf unser wahres Wesen verdeckt. Es geht um ein Mehr an Leben, nicht um weniger. Wir müssen das loslassen, was uns die Sicht versperrt. Es ist diese Ebene des Reiches Gottes in uns, die keinen Tod kennt, die hier und jetzt gelebt werden möchte.

Die meisten von uns glauben, das Glück liege in äußeren Dingen begründet: Karriere, Haus, Auto, Bankkonto, Partnerschaft, Urlaub, Wellness und Fun. Eine solche Auffassung muss zu bitterer Enttäuschung führen: »Das kann doch nicht alles gewesen sein.« Wir fragen: »Kommt jetzt noch etwas? War das alles?« Gerade dann, wenn der Mensch auf materiellem Gebiet alles hat, kommt diese Frage mit Macht auf.

In einem Buch Martin Walsers las ich: »Wenn es also diesen Fehler tief drin gibt, dass ich mir immer gedacht habe, dass es einmal anfangen würde, das Leben, bevor das Alter käme … Also, es ist nur das Alter gekommen und nicht das Leben.« Schrecklich, wenn ein Mensch das bekennen muss. Er hat am eigentlichen Leben vorbei gelebt und hat es nicht einmal gemerkt.

Wir versuchen auf unserem spirituellen Weg, Räume in uns zu erschließen, die von unserem Ich abgetrennt erscheinen, die aber unser eigentliches Leben bedeuten. Räume, die auch noch Antwort geben, wenn ich arbeitslos oder alt werde, wenn der Arzt mir eine unheilbare Krankheit diagnostiziert, wenn ich Insolvenz für meine Firma anmelden muss, wenn ich als junger Mensch nach meiner Ausbildung keinen Arbeitsplatz finde … Gilt dann auch noch: Verlieren, um zu gewinnen?

Ich habe keine andere Lösung als ein Ja. – Natürlich werden wir alles tun, um die Situation zu ändern. Aber es gibt Grenzerfahrungen, bei denen wir beim besten Willen nichts mehr machen können. Dann, gerade auch dann gilt das Wort: »Verlieren, um zu gewinnen.« Nicht aus einer fatalistischen Lebenshaltung heraus gesprochen, sondern aus der Überzeugung, dass das Leben weitergeht. Vielleicht werden jetzt andere Dinge wichtiger.

»Wo immer eine Ruine ist, ist Hoffnung auf einen Schatz – warum suchst du nicht den Schatz ›Gott‹ in dem verwüsteten Herzen?« (Rumi) Selbst wenn uns das Leben wie eine Ruine vorkommt, auch wenn wir manchmal den Eindruck haben, es ist alles zusammengebrochen – den Schatz, unser wahres Leben, kann niemand und nichts antasten. Oft ist es ein totaler Zusammenbruch, der uns die Sicht zum Wesentlichen öffnet. Manchmal ist es der drohende Tod selbst, der uns das Tor zu unserer wahren Seinsebene öffnet.

Diese Aussagen fallen mir nicht leicht. Ich habe Angst, sie werden nicht verstanden. »Verlieren, um zu gewinnen.« Werden wir arbeitslos, dann ist es Gott, der in dieser menschlichen Struktur arbeitslos wird. Müssen wir Insolvenz anmelden, dann ist es Gott, der sein Geschäft in uns aufgeben muss. Er erfährt in mir vom Arzt die Diagnose: »Unheilbar krank.« Gerade in solchen schwierigen Situationen sage ich mir: »Gott möchte in mir zu dieser Zeit, an diesem Ort, in dieser meiner aussichtslosen Lage über diese Erde gehen.« Aber es ist nicht ein Gott in mir, es ist Gott, der als diese meine menschliche Form lebt.

Dann erkennen wir: Ich bin ein »Gott-Erleidender« in dieser Not und Verzweiflung. Das ist keine leichte Botschaft. Sie ist unserem Verstand nicht klar zu machen. Das mag in manchen Ohren wie Hohn klingen. Aber ich habe keine andere Lösung. Dort, wo wir uns als eins erfahren mit dieser Urwirklichkeit Gott, stehen wir nie isoliert. Wir sind dieses zeitlose Leben Gottes, das hier und jetzt über diese Erde geht.

Ich liebe das Bild vom Weinstock und der Rebe. Wenn die Rebe erkennt, wer sie ist, erkennt sie, dass sie Weinstock ist. Wenn sie krank ist, ist der ganze Weinstock krank, dann sind wir alle krank, dann ist auch Gott krank und leidet als diese Form.

Diese Gewissheit wird uns nur geschenkt, wenn wir in die eigene Tiefe vordringen, die immer die Tiefe Gottes ist. Es gibt dort kein Anderes. Wenn wir erfahren, dass wir auch Weinstock sind, werden wir in der Not zusammenstehen und uns gegenseitig helfen. Denn es gibt keinen Anderen. Es gibt nichts, was nicht der Weinstock Gott wäre.

Und was war bei der Flutwelle, bei dem Erdbeben, bei dem Tausende umgekommen sind. Sie haben verloren, haben sie auch gewonnen? Auch als Flutwelle hat sich Gott geoffenbart. Er lebte und starb als alle, die umgekommen sind. Und das Leben aller, die umgekommen sind, ist sein Leben und geht weiter, auch wenn wir nicht wissen wie.

Ich habe Predigten zur Flutkatastrophe gehört. Es hat mich keine zufrieden gestellt. Die Vorstellung von einem Gott, der außerhalb der Schöpfung steht, kann zu keiner befriedigenden Lösung führen. Einen solchen Gott klage ich an, weil er so etwas nicht verhindert.

Gott ist das, was sich vollzieht. Er vollzieht sich auch als unser Sterben. Aber es gibt keinen Tod. Wie könnte das Leben Gottes, das wir sind, sterben? Verlieren, um zu gewinnen. Das ist auch unser Trost im Sterben. Dieses Leben zu verlieren, um etwas viel Größeres zu gewinnen. Unsere Ratio mag sich dagegen sträuben. – Ich kenne keine andere Lösung. Wer sein Leben gewinnen will, wird es verlieren. Wer es als dieses göttliche Leben verliert, kann nur gewinnen.

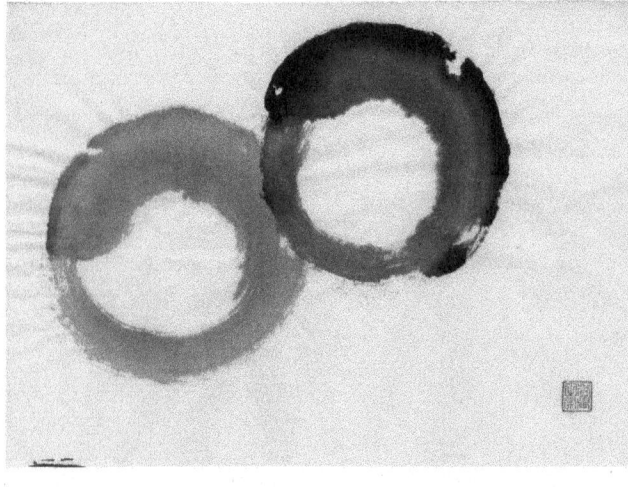

»Jedes Wesen ist ein leuchtendes sprituelles Zentrum«

Weltuntergang und Weltaufgang

Dann sah ich einen neuen Himmel
und eine neue Erde; denn der erste Himmel
und die erste Erde sind vergangen.«
(Offenbarung 21,1)

Auch ein Weltuntergang schmeckt nach Gott

Ein Mönch fragte Daizui: »Wenn das große Universum im Kalpa-Feuer zerstört wird, wird ES dann vergehen oder nicht?« »ES vergeht«, antwortete Daizui.

Der Mönch fragte weiter: »Wird ES zusammen damit vergehen?« »ES folgt dem Rest und vergeht«, antwortete Daizui.

Der Mönch war nicht zufrieden mit dieser Antwort und ging zum nächsten Meister. Er fragte Ryuzai: »Wenn das große Universum im Kalpa-Feuer zerstört wird, wird ES dann vergehen oder nicht?« »ES vergeht nicht«, antwortete Ryuzai.

Der Mönch fragte weiter: »Warum vergeht ES nicht?« Ryuzai antwortete: »Weil ES dasselbe ist wie das Universum.« *(Hekiganroku 29)*

In diesem Gespräch fragt ein Schüler seinen Meister: »Wenn das Kalpa-Feuer brennt (wenn die Welt untergeht) und der große Kosmos vernichtet wird, wird ES dann auch untergehen?« – Der Meister antwortete: »ES wird untergehen!« – Der Mönch fragte ungläubig: »ES wird wirklich mit dem anderen verschwinden?« – Der Meister antwortete: »ES wird mit dem andern verschwinden!« Ins Christliche übersetzt lautet die Frage: »Wenn die Welt untergeht, geht Gott dann auch unter?« Die Antwort wäre: »ER geht auch unter!« Als die zwei Türme in New York zusammenstürzten, war da nichts als Schreien, Rennen, Weinen, Angst. Was hat das mit diesem Koan zu tun? Mystik spricht nie von der

Zukunft. Mystik spricht vom Augenblick, vom Jetzt. Es geht nicht um die Frage: »Wie geht es weiter?« Es geht um den Augenblick. Keine Hoffnungsbilder vom Himmel, keine Wiedergeburt, keine Vergeltung. Das Unausweichliche, der Terroranschlag sind ebenso eine Manifestation des Einen wie das Hoffnungsvolle. So rät uns die Mystik, Augenblick für Augenblick unser Leben zu leben. Niemand und nichts kann aus dem Einen herausfallen, auch nicht das Zusammenstürzen der Türme, auch nicht die Tat der Terroristen.

»Untergang«, »Aufgang«: das hat mit gut und böse nichts zu tun. Jetzt ist ES der Untergang. Das Eine »geht unter«. Aber Untergang bedeutet hier nicht Vernichtung. ES kann nicht vernichtet werden. ES ist auch das, was wir Vernichtung nennen. Untergang ist gleichzeitig Aufgang. Und das ist unser Trost. ES ist auch unsere persönliche Vernichtung, unser Untergang. Auch da kann nichts vernichtet werden, nichts verschwinden. Das ist der Trost für uns. »Wiedergeboren wird immer nur der Herr!«, sagt die *Gita*. Warum also sollten wir uns für die Zeit nach dem Tod Sorgen machen? Wiederkommen wird immer nur das Eine, die Gottheit, Brahman, Allah.

Die Frage des Mönchs kommt aus dem rationalen Bewusstsein. Das rationale Bewusstsein kann sich das Eine nur getrennt von allem vorstellen. Als ob das Eine irgendwo außerhalb säße und sich den Weltuntergang wie einen Film anschaute, um dann vielleicht eine neue Welt zu kreieren. Untergehen und Aufgehen ist das Strukturprinzip des Einen, das wir Abendländer ›Gott‹

nennen. ES offenbart sich als Untergehen und Aufgehen, als Kommen und Gehen, als Geborenwerden und Sterben. ES ist der Untergang und der Aufgang. ES geht unter und im Untergang ist schon das Wiederkommen enthalten. Ganze Galaxien kommen und gehen wieder unter. Was sind die beiden Türme des World Trade Centers dagegen?

Wenn der Meister sagt: »ES (Gott) geht mit allem anderen dahin«, meint er: Das Eine ist der Weltuntergang. Gott und Welt sind nicht getrennt. Wenn die Welt untergeht, geht auch Gott unter. Aber das ist missverständlich, denn der Meister meint nicht, dass diese erste Wirklichkeit dann verschwindet, er meint schlicht und einfach: Diese Erste Wirklichkeit vollzieht sich in allem, was ist. Sie entsteht als Kosmos, entfaltet sich als Kosmos, vergeht als dieser Kosmos und kommt wieder als Kosmos. Gott ist die Gestaltungskraft in jeder Gestalt. Gott ist nie ohne Gestalt. »Sobald Gott ward, ward auch die Welt.« (Eckhart) Gott ist in ständiger Inkarnation. Diese Urwirklichkeit, die Jesus »Vater« genannt hat, wird Gestalt als Logos, das heißt wird Gestalt als Blume, als Tier, als Galaxie, als Kosmos, als Mensch, als ich. Sie wird Gestalt als alles, was Gestalt hat. In jeder Gestalt ist Gott ganz.

Eckhart formuliert: »Alle Dinge schmecken nach Gott. Wer Gott so (das heißt) im Sein, hat, der nimmt Gott göttlich und dem leuchtet er in allen Dingen; denn alle Dinge schmecken ihm nach Gott, und Gottes Bild wird ihm aus allen Dingen sichtbar. In ihm glänzt Gott allzeit, in ihm vollzieht sich eine loslösende

Abkehr und eine Einprägung seines geliebten, gegenwärtigen Gottes.«

Auch ein Weltuntergang schmeckt nach Gott. Dieses Ewige kennt nicht Geborenwerden und Sterben. Dieses Ewige ist auch unsere wahre Existenz. Auch für uns gibt es nicht Geborenwerden und Sterben. Letztlich gibt es keinen Untergang. Untergang ist Übergang in eine andere Existenz-Form. Untergang ist ein Überleben anderer Art – und das nicht im Sinne eines Überdauerns des Ich, sondern im Sinne eines Weiterbestehens unserer wahren Identität.

Gott ersteht im Baum als Baum, im Menschen als Mensch und in der Galaxie als Galaxie. Im Untergang ist er Untergang. Und so ist der Untergang in Wirklichkeit Aufgang, ist Vollzug Gottes, ist Evolution Gottes. Auch als Leiden und Sterben offenbart sich Gott. Geborenwerden und Sterben ist die Struktur Gottes. Es gibt keinen Weltuntergang, es gibt nur das Sich-Selbst-Gebären Gottes im Kommen und Gehen. Und das Vergehen ist so bedeutsam wie das Wiederkommen. Nicht nur das Auferstehen, auch das Untergehen ist der Herzschlag Gottes.

Das eigentliche Problem, das wir haben, ist nicht das Sterben, sondern unsere Anhänglichkeit an eine bestimmte Form, an diese Form, die wir jetzt haben. Jede Gestalt hat ihre unverwechselbare Bedeutung. So wie ich bin, bin ich die Manifestation der Urwirklichkeit Gott. Meine wirkliche Aufgabe ist es, Mensch zu sein. Mensch zu sein mit allen Potenzen. Darin liegt eine einmalige Aussage Gottes – ganz gleich, ob ich wieder entstehe und als was ich wieder entstehe. In jeder möglichen Gestalt bin ich die Gestalt Gottes.

Darum sage ich Ja zu dieser meiner Gestalt und zelebriere sie wie einen Gottesdienst. Die Feier dieses meines Lebens – das ist der Gottesdienst.

Woher die Welt kommt und wohin sie geht, ist eine Frage, die der Intellekt stellt, der ohne Raum und Zeit nicht denken kann. Das göttliche Urprinzip lässt sich gar nicht verfehlen. Es ist immer schon vor uns da. – Darum beschäftigt mich das Thema »Wiedergeburt« nicht. Wiedergeboren wird immer nur das, was wir Gott nennen. Warum sollte ich Angst haben?

Das ist die Sicht des Zen, und ich wage zu sagen aller Mystik. Sie unterscheidet sich wirklich sehr von unserer europäischen Weltsicht. Im Zen und in jeder Mystik zerfällt die Welt nicht in gut und böse, in jetzt und später. Deswegen ist Zen nicht blind gegenüber dem Übel und dem Terror in der Welt. Gier und Hass haben nichts mit dem freien Willen zu tun. Es sind Folgen von Verblendung. Leid und Übel kommen aus der mangelnden Erkenntnis. Leiden kann nur das Ich. Wer tiefer eindringt in das Eine, erkennt, dass sich auch das, was wir böse und leidvoll nennen, als das Eine vollzieht.

Natürlich sträubt sich da alles in uns. Und wir fragen sofort, wer ist schuld? Er muss bestraft werden. Wir sind ja die Besseren. Die anderen sind die Bösen. Ja, wir müssen nach Schuldigen suchen. Wir sind ein Gemeinwesen, und der Einzelne hat sich entsprechend einzuordnen. Aber wenn wir wirklich ehrlich suchen, treffen wir auf uns selbst und finden unseren Anteil.

Die theistischen Religionen sehen diese Welt als Schlachtfeld zwischen gut und böse. Am Ende der Zeiten wird dann das Gute siegen und die Bösen werden bestraft. Der Islam unterscheidet sich da nicht. Auch er hat eschatologische Züge. Die Vorstellung vom Heiligen Krieg gegen die vermeintlich Ungläubigen steht in engem Zusammenhang mit apokalyptischen Vorstellungen. Eine entsprechende Überlieferung lautet: »Siehe, ich wurde mit dem Schwert geschickt (von Gott), bis die Stunde (des jüngsten Gerichts) eintritt und mein täglich Auskommen wurde gestellt unter den Schatten meines Schwertes. Erniedrigung und Demütigung sei denen, die gegen meine Sache stehen.«

Aus Gier, Hass und Verblendung folgt auf beiden Seiten Terror. Gier erzeugt Neid und Hass, Verblendung macht gierig. Durch Hass wird man blind. In der Mystik geht es darum, Gier, Hass und Verblendung in sich selbst zu entdecken. Unsere eigene Verblendung, erzeugt nichts anderes als Hass und Gier auf der anderen Seite.

Ist das nicht Fatalismus? Können wir überhaupt etwas tun? Es klingt, als ob die Mystik das Allheilmittel für die Welt wäre. Das wäre sie, wenn nicht auch bei so genannten Erleuchteten noch andere Elemente maßgeblich wären. Einige von Ihnen haben vielleicht das Buch von Brian Victoria *Zen, Nationalismus und Krieg* gelesen. Darin werden sehr bekannte japanische Zen-Meister beschrieben, denen der japanische Imperialismus, Nationalismus und denen der Krieg ganz selbstverständliche Mittel zu sein schienen, diese Welt zu lenken, zu leiten und zu verbessern.

Mystik zählt auf den Einzelnen: Achtsames Tun, Klärung des eigenen Geistes, »Entgiftung« des eignen Herzens sind das Ziel. Nur Mitgefühl, Toleranz, Liebe und Großherzigkeit helfen uns weiter.

Liebe – das Herz aller Religionen

Im Grunde ist Liebe das Herz aller Religionen. Rumi sagt: »Der Selbstlose (wer sich selbst vergessen hat) ist ein Spiegel geworden: nichts ist mehr da als das Spiegelbild des Gesichtes eines anderen. Wenn du darauf spuckst, so spuckst du in dein Gesicht; und wenn du den Spiegel schlägst, schlägst du dich selbst; und wenn du ein hässliches Gesicht im Spiegel siehst, bist es du; und wenn du Jesus und Maria siehst, bist es du.« Wenn du Bin Laden schlägst, schlägst du dich selbst. Und wenn du auf die Taliban spuckst, spuckst du in dein eigenes Gesicht. Und wir müssen fortfahren und sagen: »Du leidest in den Opfern von Terroranschlägen und du leidest in den Hinterbliebenen.«

Im Koan 45 im *Mumonkan* sagt Meister Tozan: »Sogar Shakyamuni und Maitreya dienen jenem Einen. Sagt mir: Wer ist jener Eine?« Wir alle dienen dem Einen. In dem Gedicht zu diesem Koan heißt es: »Des anderen Bogen spanne nicht. Des anderen Pferd besteige nicht. Des anderen Fehler betratsche nicht, des anderen Sache interessiere dich nicht.« Wir spannen alle immer nur den *einen* Bogen und reiten immer das *eine* Pferd. Da ist nur *ein* Bogen, nur *ein* Pferd, nur *ein* Leben, das uns alle verbindet. Und wenn wir über die Fehler der anderen reden, reden wir über uns.

Es gibt immer nur den Einen, dem wir dienen können.

Es ließen sich hier auch viele Worte aus dem Neuen Testament zitieren, die in dieselbe Richtung zielen: »Was ihr dem geringsten meiner Brüder getan habt, das habt ihr mir getan.« – »Liebe deinen Nächsten wie dich selbst!« – »Liebet eure Feinde, tut Gutes denen, die euch hassen. Segnet die, die euch verfluchen; betet für die, die euch misshandeln. Dem, der dich auf die eine Wange schlägt, halte auch die andere hin, und dem, der dir den Mantel wegnimmt, lass auch das Hemd.« (Lukas 6,27 ff.)

Das ist falscher Idealismus, sagt der gesunde Menschenverstand. Denkt doch an die Konzentrationslager, an Bosnien, an Tschetschenien, an den Terror am 11. September 2001, an die Situation im Irak, im Sudan. Auf einer solchen Ethik, so die allgemeine Auffassung, kann man keine Sozialordnung gründen. Die Bösen werden das ausnützen. Sie werden dominieren. Ein solcher Sozialstaat wird nicht funktionieren.

Die Liebe, von der hier die Rede ist, hat aber mit Moral nichts zu tun. Sie kennt kein »du sollst« und »du musst«. Denn wer das Leben in den Dingen und in sich erfährt, kann dem anderen nicht mehr weh tun. Er steht in Ehrfurcht vor allem, was lebt. Der Moralist mag seinen Zeigefinger heben und sagen: »So müsst ihr werden!« So müssen wir nicht werden, so sind wir. Thomas Merton hat es einmal so ausgedrückt: »Plötzlich war mir, als sähe ich die geheime Schönheit der Herzen, die Tiefe, wo weder Sünde noch Gier hinreichen, das Geschöpf, wie es in Gottes Augen ist. Wenn sie sich nur selbst sehen könnten, (die Geschöpfe) wie sie selber sind. Wenn wir einander in dieser Weise sehen könnten, dann wäre kein Grund für Krieg, Hass, Grausamkeit … Ich glaube, das große Problem würde dann sein, dass wir niederfallen würden, um einander zu verehren.«

Das klingt abgehoben. Als ob in uns etwas Spezielles, ganz anderes verborgen wäre, das wir verehren sollten. So würde das vielleicht die Religion sehen. Sie würde meinen: Da ist einer, der verehrungswürdig ist, etwas Besonderes, Herausragendes, eine Heilige, ein Heiliger. Das gilt aber allem und jedem. Alles ist heilig! Heilig kann man nicht werden und nicht machen. Heilig ist alles – von Grund auf. Manche von euch kennen die fiktive Rede des Häuptlings von Seattle, in der er dem Präsidenten der USA sagt: »Ihr müsst euch daran erinnern und eure Kinder lehren: Die Flüsse sind unsere Brüder – und ihr müsst von nun an den Flüssen eure Güte geben … Das Land ist uns heilig. Wir erfreuen uns an den Wäldern. … Alle Dinge teilen denselben Atem – das Tier, der Baum, der Mensch. … Ich habe tausend verrottende Büffel gesehen, vom weißen Mann zurückgelassen – erschossen aus einem vorbeifahrenden Zug. Ich kann nicht verstehen, wie das qualmende Eisenpferd wichtiger sein soll als der Büffel.«

Die Indianer und selbst noch unsere Ahnen entschuldigten sich bei Bäumen, Pflanzen und Tieren, wenn sie ihnen aus Gründen des eigenen Überlebens das Leben nehmen mussten. Wir müssen Leben nehmen, um selbst zu überleben. So ist die Struktur des Kosmos, dass das weniger Entwickelte dem höher Entwickelten dienen muss. Aber es geht um die Art und Weise, wie wir das tun. Ob die Ehrfurcht durchscheint, die dem Leben gebührt. Mystisches Bewusstsein erfährt den anderen und das andere als vollkommen, so wie er, wie es ist. Auch das, was wir Menschen mangelhaft, schlecht, böse nennen, leuchtet in dieser Weise und ist verehrungswürdig. Alles ist heilig und nichts ist heilig. Alles ist so, wie es ist, weder heilig noch unheilig.

Der Kaiser Bu von China fragte den Großmeister Bodhidharma bei seiner Ankunft aus Indien: »Was ist der tiefste Sinn der Heiligen Wahrheit?« Bodhidharma antwortete: »Unendlich weit und leer, nichts von heilig.« – Der Kaiser war ein frommer Buddhist. Er hatte Tempel und Klöster gebaut und war von der Heiligkeit seiner Taten fest überzeugt. Bodhidharma versuchte, ihm zu verstehen zu geben, dass am Ende alles ist, was es ist, dass Attribute wie heilig oder unheilig, richtig oder falsch die Wahrheit nicht treffen und dass der Bau eines Tempels nicht heiliger ist als das Bestellen des Ackers durch den Bauern. Ja, er will sagen, dass auch das, was wir böse nennen, letztlich der Vollzug der einen Wirklichkeit ist, die er »weit und leer« nennt. An dieser Leere, Eckhart würde sie Gottheit nennen, lassen sich Attribute wie heilig oder unheilig nicht anbringen. Das heißt natürlich nicht, dass es in unserem menschlichen Zusammenleben gut und böse nicht gibt. Aber das gilt nur für unser menschliches Zusammenleben. Weil wir so geworden sind, wie wir sind, müssen wir werten. Im Absoluten jedoch gibt es keine Wertung. Darum kann

Eckhart sagen, was von Menschen, die ihn nicht begriffen, verurteilt wurde: »In jedem Werk, auch im bösen, im Übel der Strafe ebenso sehr wie im Übel der Schuld, offenbart sich und erstrahlt gleichermaßen Gottes Herrlichkeit.« Und Terstegen sagt uns: »Gott ist uns unendlich näher, wir leben und schweben in Gott; wir essen, trinken und arbeiten in Gott; wir denken in Gott; und wer Sünde tut – erschrick nicht, dass ich so rede –, der sündigt in Gott …«

Heiligkeit ist also in das Leben integriert. Sie kann nicht aufgeteilt werden in heilig und unheilig. Aber das begreift unser Intellekt nicht. Weil er nicht einsehen kann, dass die wahre Liebe nichts mit Moral zu tun hat, nichts mit »du sollst« und »du musst«. Wirkliche Liebe erfährt das andere als das, was es ist. Sie erkennt das angeblich Böse des andern als das eigene Böse. Nur diese Liebe kann die andere Wange hinhalten, nur sie kann auch noch das Hemd weggeben, wenn der Mantel verlangt wird. Erwüchse diese Haltung aus Wohlverhalten, wäre sie unwahr. Die wahre Liebe kann nicht anders, denn sie erfährt die Einheit des Lebens und würde sich das Üble selbst antun, wenn sie es dem anderen antäte. Diese Liebe umarmt auch Gegner, auch jene, die hassen. Sie sieht im Konträren und Oppositionellen die Dynamik des Lebens. Sie hört auf, perfekte Eltern haben zu wollen, perfekte weise Lehrer, eine perfekte Familie, einen perfekten Staat und eine perfekte Kirche. Sie hat begriffen, dass alles auch das Gegenteil beinhaltet. Solange Nächstenliebe nur ein Gebot bleibt, wird es keinen Frieden und keine Harmonie auf unserem Planeten geben. Unser Ich-Bewusstsein hat sich in einen Egozentrismus hinein entwickelt, der den Untergang der Spezies *homo sapiens* bedeuten kann, wenn wir uns nicht rechtzeitig in Richtung eines kosmischen Bewusstseins entwickeln. Der Egozentrismus ist wie eine Krebszelle. Sie frisst alle anderen Zellen auf, bis sie selbst zugrunde geht. Eine Spezies kann aus ganz verschiedenen Gründen lebensuntüchtig werden, zum Beispiel aus biologischen Gründen, weil sie nicht genug Nahrung findet oder weil sie sich an veränderte Umstände nicht anpassen kann. Sie kann aber auch zugrunde gehen, weil sie sich gegen das Strukturprinzip der Evolution – die Selbsttranszendenz – verfehlt.

Die Naturwissenschaft spricht von Feldern. Ein Feld ist eine innerlich verbundene Ebene, die von nicht-kausalen Kräften organisiert wird. Alle Teile wirken auf alle Teile ein. Diese Felder unterscheiden sich von elektrischen und magnetischen Feldern. Sie sind raumlos und zeitlos, sie haben psychische Wirkung und können emotional beeinflussen. Felder sind die Formkräfte der Natur. Dass aus einer Eizelle nicht wieder eine Eizelle und wieder eine Eizelle wird, sondern ein Mensch, das ist ein physikalisch-chemischer Prozess. Aber gesteuert wird dieser Prozess von einem Feld. Das Feld ist formbildend (morphogenetisch). Was besagen diese Felder? Wir sind Teil eines Ganzen, in dem jedes zu jedem in Beziehung steht. Mit der Veränderung eines Teiles verändert sich auch alles andere und das nicht nur auf der physikalischen Ebene, sondern auch auf der geistigen.

Der Kosmos ist nicht in erster Linie Materie, er ist ein gewaltiges, alles durchdringendes und alles verbindendes Feld, das sich in den vielen Formen und Wesen ausdrückt. Die Materie besteht nicht aus kleinen Stücken fester Stoffe, die wie winzige Billardkugeln sind. Atome werden heute als komplexe Aktivitätsstrukturen verstanden, als Muster von Energieschwingungen in Feldern. Felder bestehen nicht aus Materie, sondern Materie besteht aus Feldern und der in ihnen gebundenen Energie. Oder um es mit den Worten des Wissenschaftsphilosophen Sir Karl Popper zu sagen: »Durch die moderne Physik hat sich der Materialismus selbst transzendiert.« Energie und Geist vereinigen sich als Feld im Menschen. Wenn der Mensch stirbt, trennt sich das Feld. Das Feld hat eine morphische Resonanz. Wenn etwas oft wiederholt wird, bilden sich (unter Umständen weit entfernt) ähnliche Felder. Jede Spezies scheint ein eigenes morphogenetisches Feld zu besitzen. Jeder Einzelne trägt zu diesem allumfassenden, morphogenetischen Feld bei. Jeder kann dort Energie abrufen. Die Felder begegnen sich gleichsam und interagieren, und in gewisser Weise sind sie auch ansteckend (Euphorie, Massenhysterie und so weiter). Veränderung geschieht durch Feldresonanz. Das ist ein Naturgesetz auf einer höheren Ebene. Mit anderen Worten lautet es: Wer liebt, verändert die Welt. Wer mit Wohlwollen da ist, kreiert ein helfendes, heilendes und ordnendes Feld. Diese Felder können über Entfernungen hinweg auf den kollektiven Geist der Gesellschaft einwirken. Hierin erkenne ich die Bedeutung der spirituellen Wege. Sie kreieren positive Energien und verwandeln die Welt.

Liebe ist die Magna Charta einer jeden Religion. Liebe sollte das Erkennungszeichen der Mitglieder einer Religion sein. »Seht, wie sie einander lieben.«, hieß es von den ersten Christen. Liebe macht Menschen aus uns. Wir sind für das verantwortlich, was wir ausstrahlen, und von uns geht immer etwas aus: Wohlwollen, Abneigung, Hass, Mitgefühl, Liebe. Liebe beginnt nicht beim Wort und bei der Umarmung, sie beginnt in unseren Gedanken und Gefühlen. Das ist eine wunderbare Chance für uns.

Liebe ist das Weltbaugesetz. Wer nicht lieben kann, kann sich nicht öffnen, er kann nicht in Austausch mit anderen treten. Liebe ist die Voraussetzung für alles Wachsen und Reifen. Wer nicht in liebendem Austausch steht, kann nicht wachsen. – Wer liebt, empfängt. Liebe ist wie der Ruf in eine Echowand. – Es schallt zurück, wenn ich hineinrufe. Liebe heilt. Liebe hilft offensichtlich mehr als alle anderen Mittel. Liebe ist die beste Medizin, nicht nur im übertragenen Sinn.

Nicht gelebte Liebe macht krank. Liebe muss verbraucht werden. Sie staut sich sonst an und wird am Ende Hass. Die Liebe kann aber auch zum Narzissmus werden. Narziss, eine griechische Sagengestalt, war so in sich selbst verliebt, dass er immer nur sein eigenes Bild im Wasser anschauen konnte. Er war unfähig, mit einem anderen Menschen eine Beziehung einzugehen. Er ging an seiner aufgestauten Liebe zugrunde.

Was wir am Ende unseres Lebens in Händen haben,

sind nicht unsere Leistungen und unsere Werke. Wir werden uns vor allem der Frage stellen müssen, wie viel wir geliebt haben. Wir werden nicht gefragt, ob wir katholisch oder evangelisch oder buddhistisch oder was wir sonst waren. Wir werden gefragt, wie viel wir geliebt haben. Das ist die Botschaft aller Religionen. Wer liebt, ist wie Gott. »Gott ist die Liebe, und wer in der Liebe bleibt, bleibt in Gott, und Gott bleibt in ihm.« (1 Johannes 4,16) »Wer liebt, stammt von Gott und erkennt Gott.« (1 Johannes 4,7)

In einer tiefen mystischen Erfahrung sagt der Mensch nicht mehr, ich liebe dich. Die Grenzen zwischen Ich und Du sind dann gefallen. Je tiefer meine Erfahrung, umso größer mein Mitgefühl. Die Tiefe der Erfahrung bringt die Erfahrung der Einheit mit allen Wesen. Die Erfahrung der Einheit bedingt das rechte Verhalten zu allen Wesen. Das Auge sagt zum Fuß nicht: Ich liebe dich. Sie gehören zusammen und sorgen in dieser Einheit füreinander.

Die zwei Säulen der Religion

Manche religiösen Gruppierungen versuchen ihre Ansichten als die allein richtigen hinzustellen. Von ihnen sagt Idries Shah: »Bis Schule und Minarett zerbröckeln, wird dies unser heiliges Werk nicht vollendet sein. Bis Glaube zur Verwerfung, Verwerfung zu Glaube wird, gibt es keinen wahren Muslim.«

Und Rumi schreibt: »Der rotgewandet einst gekommen war, in brauner Kutte kam er dieses Jahr; der

Türke, von dem damals du vernahmst – als Araber stellt er dies Jahr sich dar. Der Wein ist eins, die Flasche wandelt sich – Wie schön berauscht uns dieser Wein so klar!« Rumi meint auch: »Das Kreuz und die Christen nahm ich von allen Seiten in Augenschein. Er war nicht am Kreuz. Ich ging zum Hindu-Tempel, zu der alten Pagode. An beiden Orten fand ich keine Spur von ihm. Ich ging zu den Höhen von Herat und nach Kandahar, schaute mich um. Er war nicht auf den Höhen und nicht in der Niederung. Entschlossen stieg ich zur Spitze des Kaf-Berges. Dort wohnte nur der Anqa-Vogel. Ich ging zur Kaaba und traf ihn dort nicht. Ich fragte Ibn Sina nach seinem Wesen: Er war jenseits der Definitionen des Philosophen Avicena … Ich schaute in mein eigens Herz. An diesem Orte sah ich ihn. Er ist an keinem anderen Ort …«

Kabir formuliert es in einem Gedicht so: »O, der du mir dienst, wo suchest du mich? Siehe, ich bin bei dir. Ich bin weder im Tempel noch in der Moschee, weder in der Kaaba noch auf dem Kailash. – Weder bin ich in Riten und Zeremonien, noch in Yoga oder Entsagung. Wenn du ein wahrhaft Suchender bist, wirst du mich sogleich sehen. Mir begegnen im gleichen Augenblick.« Kabir sagt auch: O Sadhu! Gott ist der Atem allen Atems.«

Zen und jede Mystik haben zwei Säulen, die in Wirklichkeit eins sind: Weisheit und Mitgefühl. Deutlicher sind vielleicht die Worte: Erkenntnis und Mitgefühl. Im Christentum sagen wir: Weisheit und Agape. Es gibt keine wirkliche Liebe ohne diese Erfahrung der Einheit und keine wirkliche Erkenntnis ohne Liebe. Sie können nur zusammen auftreten. Vielleicht ist die größte Gefahr für unsere Spezies, dass wir uns nicht mehr evolutionsgerecht verhalten. Die Grundstruktur der Evolution ist Selbsttranszendenz. Selbsttranszendenz des Universums. Was ich mit Selbsttranszendenz meine, möchte ich an einem Beispiel klar machen. Arthur Koestler prägte den Begriff »Holon«. Ein Holon ist auf der einen Seite ein Ganzes und auf der anderen Seite ein Teil von etwas anderem. Zum Beispiel ist ein Atom ein Teil von einem Ganzen, einem Molekül. Ein Molekül ist ein Teil einer ganzen Zelle und die Zelle ist ein Teil eines ganzen Organismus. Nichts ist ausschließlich ein Teil oder ausschließlich ein Ganzes. Es gibt nichts, was »entweder oder wäre«. Wir haben es immer mit einem Holon, einem Ganzen, das gleichzeitig Teil ist, zu tun. Ein Holon ist wie die Masche eines Netzes. Eine Masche ist eine Einheit, aber sie kann allein nicht existieren. Sie kann nur mit anderen zusammen existieren. Jedes Holon ist Teil und ist ein Ganzes. Es hat daher zwei Tendenzen: Es muss sowohl für seine Ganzheit als auch für sein Teilsein einstehen. Ein Holon muss also seine Identität aufrecht erhalten, sonst verschwindet es, es muss aber auch seine Beziehung zum Ganzen aufrecht erhalten. Je mehr es zu einer Seite neigt, um so stärker verliert es die andere Seite.

Das Universum tendiert zur Selbsttranszendenz, zu immer umfassenderen Organismen. Die Selbsttranszendenz bleibt nicht auf das Materielle beschränkt. Sie erschließt auch größere Holons, in denen der Geist als das ordnende Prinzip stärker zum Tragen kommt. Sie wird immer neue Holons bilden, in denen Bewusstsein immer umfassender evolviert und die Menschheit sich wirklich als eins erfährt.

Der französische Nobelpreisträger Charon nennt diesen Trieb »Finalität des Atoms«. Es ist eine Finalität, die ständig zum Größeren hindrängt, aber keine Finalität, die Ende und Abschluss bedeutet. Charon scheut sich nicht, diese Finalität Liebe zu nennen. Selbst ein Atom hat bereits eine Tendenz, sich zum Molekül hin zu öffnen. Jedes Holon hat eine Tendenz zum größeren Holon. Die Evolution drängt zur Selbsttranszendenz. Liebe ist die Grundhaltung des Universums, nicht Liebe als Gebot, sondern Liebe als Einheitserfahrung. Wer sich nicht öffnen kann zum anderen hin, entspricht nicht der evolutionsgemäßen Entfaltung.

Wer sich der Selbsttranszendenz verschließt, geht unter. Sünde ist Verweigerung der Selbsttranszendenz, Verweigerung, das Ego zu überschreiten. Wenn wir die Evolution betrachten, dann bedeutet Mangel an Selbsttranszendenz – sei sie verschuldet oder unverschuldet – die Ursache für den Untergang. 98 % aller Spezies, die es einmal auf dieser Erde gab, sind im evolutionären Prozess aus diesem Grund ausgestorben. Man kann auch aus psychologischen Gründen lebensunfähig werden oder aus geistigen Gründen. Wir werden lebensuntüchtig werden, wenn wir unseren Egozentrismus und unsere Spezialisierung weiter auf die Spitze treiben. Eingebettet ins Ganze ist unser Intellekt eine wichtige

Stufe in der Entwicklung der Spezies Mensch. Aber isoliert ist er nicht mehr als eine sich vermehrende Krebszelle, die den ganzen Organismus ruiniert.

Wenn ich erfahre, wer und was ich wirklich bin. erfahre ich Einheit. Mein Verhalten wirkt auf alle. Wir gehören zusammen wie alle Wellen des Ozeans, wie die Maschen eines Netzes. Und so können wir im Zen auch das Gelübde rezitieren: »Die Lebewesen sind zahllos, ich gelobe, sie alle zu retten.«

Wie kann Gott das nur zulassen?
(Gedanken zur Flutkatastrophe)

»Alle Haare eueres Hauptes sind gezählt«

Der Schüler fragte den Meister: »Wenn Kommen und Gehen sich endlos dahinziehen, was ist dann?« Der Meister schrie den Schüler an: »Wer/was kommt und geht denn?« Der Schüler war nicht zufrieden und ging zum nächsten Meister: »Wenn Kommen und Gehen sich endlos dahinziehen, was ist dann?« Der Meister antwortete: »Wessen Kommen und Gehen ist es denn?«

Der Schrei des Meisters offenbarte es, aber der Schüler erkannte es nicht. Was wir Gott nennen, vollzieht sich als Kommen und Gehen, als Schrei des Meisters, als unser Arbeiten, Planen, Sorgen und Leiden. Ein anderer Schüler fragte: »Was ist das fundamentale Prinzip?« Der Meister antwortete: »Bewegung.« Bewegung ist der Vordergrund. Es gibt noch etwas hinter der Bewegung, hinter dem Kommen und Gehen, etwas, wo Kommen und Gehen entstehen. Es ist rational nicht zu begreifen, es offenbart sich als Kommen und Gehen, als Geborenwerden und Sterben. Was wir Christen Gott nennen, ist das, was sich als dieser gewaltige Evolutionsprozess offenbart. Ganze Galaxien kommen und gehen. Was wir Gott nennen, das Unbegreifbare, wird als Kommen und Gehen greifbar. Und da ist nichts ausgenommen, auch nicht ein Erdbeben und auch nicht eine Wasserflut.

Wasserfluten gab es schon oft. Vor 65 Millionen Jahren starben in einer Flut und deren Folgen die Saurier aus. Es ist ziemlich sicher, dass es eine Hochkultur gab, die vor 11 000 Jahren in einer Flutwelle weggespült wurde. – Sind wir Zufallsprodukte? Was ist der Sinn der paar Jahrzehnte, die wir auf diesem absolut unbedeutenden Staubkorn am Rande eines ungeheuer großen Weltalls herumlaufen. Was ist der Sinn der kleinen Kinder, die in der Flutwelle starben? Steht dahinter nicht doch ein stümperhafter Schöpfer, der von Zeit zu Zeit die Erde beben lässt, eine Flutwelle oder einen Asteroiden schickt und Menschen und Tiere einen jämmerlichen Tod erleiden lässt?

Der Spieler des Universums sitzt nicht draußen und zieht Figuren wie bei einem Schachspiel. ER/ES entfaltet sich als Spiel, ER/ES kreiert sich als Spiel. Er/ES spielt sich selbst. Die Spielregeln entwickeln sich immer neu im Fortgang des Spiels. Es gibt keinen Punkt Omega. Es gibt nur das zeitlose Jetzt. Wo war Gott, als die Flut kam? Sie kam nicht, weil der Mensch böse war, wie uns die biblische Sintflut sagt. ER/ES geht unter, und ER/ES geht nicht unter. ER/Es *ist* der Weltuntergang. ER/ES geht unter als Weltuntergang und manifestiert sich als ein neuer Urknall, falls es ihn geben sollte. Nein, der Spieler des Universums sitzt nicht irgendwo außerhalb, lässt die Erde beben, und vernichtende Fluten kommen. Das ist eine kindliche Religiosität. Was wir Gott nennen, vollzieht sich als Kommen und Gehen. Und in der Flut in Asien offenbarte er sich als Flut und als Unter-

»Denn Bleiben ist nirgends« oder
»Himmel, Erde, Luft und Meer«

gang vieler Menschen. Gott selber starb in den vielen Menschen, die umkamen.

Es stirbt aber immer nur die menschliche Hülle. Das Leben selbst geht weiter. In welcher Form und Weise, wissen wir nicht. Jesus ging in eine neue Seinsweise, sagt die Schrift. Das können wir auch von diesen Menschen sagen, die in der Flutwelle, im Erdbeben umkamen. Das Leben Gottes kann nicht sterben.

Wir sind Ausdruck, eine Manifestation, eine Inkarnation dessen, was wir Gottheit, Reich Gottes, Erste Wirklichkeit, Leerheit oder das Numinose nennen. Die Angst vor der Auflösung des Ich ist die Schwelle, die uns an der Erfahrung unseres wahren Wesens (Gotteserfahrung) hindert. Im Sterben öffnet sich diese Ich-Eingrenzung. Wenn die Ichstruktur sich auflöst oder wegfällt, verschwindet auch die Angst. Erlösung ist Erlösung vom Ich. In den theistischen Religionen wird das Ich überwunden, indem es in der *unio mystica* eins wird mit dem Du. Den östlichen Lehren zufolge besitzt das Ich keine bleibende Existenz. Es ist die Hülle des Eigentlichen. Der Tod ist ein Öffnen unseres personalen Bewusstseins in ein weites Erkennen unseres wahren Wesens, das wir göttlich nennen können oder Leerheit oder das Numinose. Wir gehen ein in die Nicht-Zweiheit.

Wo gingen die Menschen hin, als sie starben? Wo gehen die Wellen hin, wenn sie in den Ozean zurückkehren? Sie kehren zurück in den »Ozean Gott«. Unser Ich hat vor diesem Zurückkehren Angst, aber wir gehen in eine umfassendere Erfahrung. Unsere wahre Identität ist das Weltmeer, nicht die Welle. Ob und wie die Welle weiterlebt, wenn sie in den »Ozean Gott« zurückkehrt, wissen wir nicht. Wir gehen in eine neue Seinsweise, sagt uns die Auferstehung Jesu. Etwas viel Gewaltigeres erwartet uns nach dem Tod. Wir können uns dieses Neue mit unserem begrenzten Ich nicht vorstellen. Es ist eine Geburt in ein größeres Leben, in eine Fülle, von der wir keine Ahnung haben können, weil unsere Ratio zu eng ist. Es öffnet sich ein Tor. Es schließt sich nicht ein Tor, wenn wir sterben. Nur in dieser Zielvorstellung macht unser Leben Sinn. Eines Tages, wenn wir ein tieferes Verständnis erlangt haben, werden wir unseren Tod feiern, wie wir unsere Geburt feiern.

Das Leid anderer ist auch unser Leid. Es ist geprägt von Hoffnung und Zuversicht. ES/ER leidet in uns und in allen Wesen. Mit dem Verstand ist das alles nicht zu begreifen. Am Ende bleibt dem Verstand nur Hingabe. Dahinter leuchtet die Gewissheit auf, dass es ein Begreifen hinter dem Begreifen gibt. Dahin will uns die Mystik führen.

Willigis Jäger

Willigis Jäger, Benediktinerpater und Zen-Meister, leitet seit 1982 eine Vielzahl von Kursen für Kontemplation und Zenmeditation. Er verbrachte sechs Jahre in einem Zen-Zentrum in Japan unter der Leitung eines buddhistischen Meisters und erhielt 1996 die Beauftragung als Zen-Meister der Sanbô-Kyôdan-Schule. Seit 2003 ist er spiritueller Leiter des Benediktushofes in Holzkirchen bei Würzburg, einem Zentrum für spirituelle Wege. Durch seine rege Vortragstätigkeit und seine in zahlreiche Sprachen übersetzten Publikationen ist er einer breiten Öffentlichkeit bekannt.

www.willigis-jaeger.de

Benediktushof

Zentrum für spirituelle Wege
Klosterstr. 10
97292 Holzkirchen

Tel. 09369 – 9838-0
Fax 09369 – 9838-38

info@benediktushof-holzkirchen.de
www.benediktushof-holzkirchen.de

Bruder David Steindl-Rast

Bruder David Steindl-Rast ist Benediktiner und ein international hoch geschätzter Vertreter des interreligiösen Dialogs. Er lebt in den USA.
Seine zahlreichen Vortragsreisen führten ihn durch alle Kontinente dieser Welt.

www.gratefulness.org

Katharina Shepherd-Kobel

Katharina Shepherd-Kobel erlernte in Japan Tuschmalerei und Kalligraphie und unterrichtet beides seit vielen Jahren. Sie lebt heute in der Schweiz und ist Autorin von *Zen in der Kunst der Tuschmalerei.*

www.tuschmalerei.ch

HERDER spektrum Band 6152

Titel der Originalausgabe:
Das Leben endet nie. Über das Ankommen im Jetzt
ISBN 978-3-7831-9529-3
© 2005 Theseus Verlag in der J. Kamphausen Mediengruppe, Bielefeld

MIX
Papier aus verantwor-
tungsvollen Quellen
FSC® C083411

4. Auflage 2012

© Verlag Herder GmbH, Freiburg im Breisgau 2010
Alle Rechte vorbehalten
www.herder.de

Umschlaggestaltung und Konzeption: Agentur RME:
Eschlbeck / Hanel / Gober
Umschlagfoto: © plainpicture

Gestaltung und Satz: AS Grafik & Typo, Berlin
Herstellung: CPI – Clausen & Bosse, Leck

Printed in Germany
ISBN 978-3-451-06152-3